MIXTO
Papel procedente de fuentes responsables
FSC® C002795

Soy la Vida · SEGUNDA EDICIÓN [2] · ©2017 BARBARA FIORE EDITORA · ISBN: 978-84-15208-97-6 · DEPÓSITO LEGAL: GR 905-2017
Texto: Elisabeth Helland Larsen · Ilustración: Marine Schneider · Traducción del noruego: Cristina Gómez Baggethun
Impreso en Letonia por Livonia Print

BARBARA FIORE EDITORA S. L. C/HUETOR VEGA 11, POLÍGONO JUNCARIL, 18220 ALBOLOTE, ESPAÑA. TELÉFONOS: 958175303

www.barbarafioreeditora.com

Título original: *Jeg er Livet* © 2016 Magikon forlag / www.magikon.no

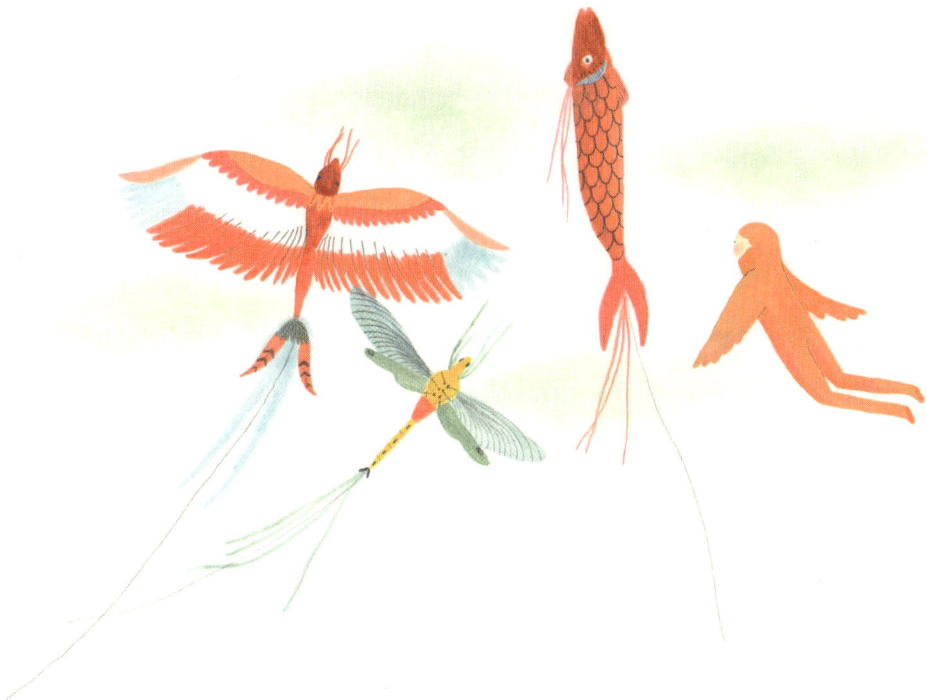

Soy la Vida

Elisabeth Helland Larsen & Marine Schneider

TRADUCCIÓN DEL NORUEGO DE CRISTINA GÓMEZ-BAGGETHUN

BARBARA FIORE EDITORA

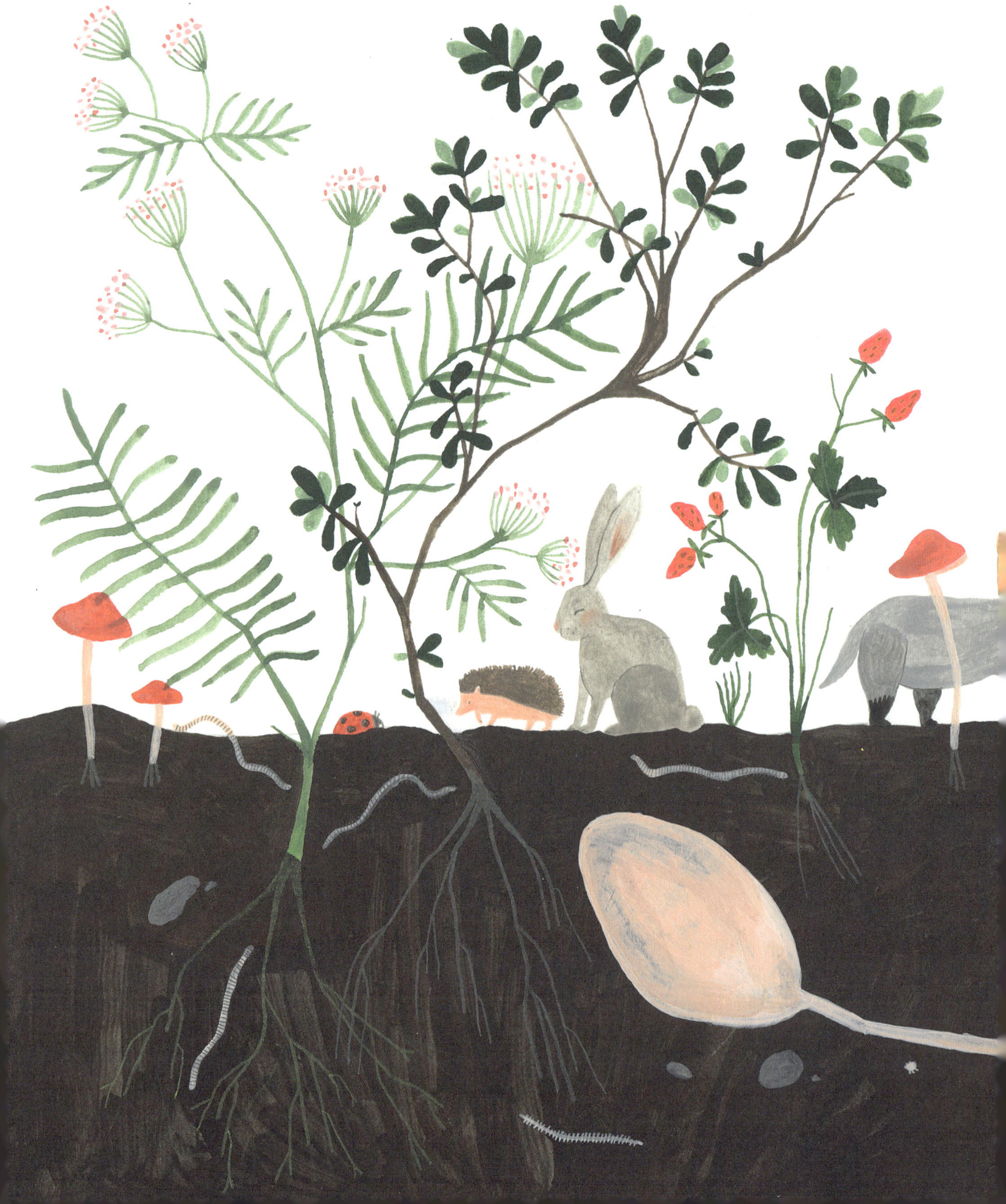

Soy la Vida.
Igual que
la muerte es la muerte,
yo soy la vida.

Soy yo
quien lo pone todo
en movimiento.

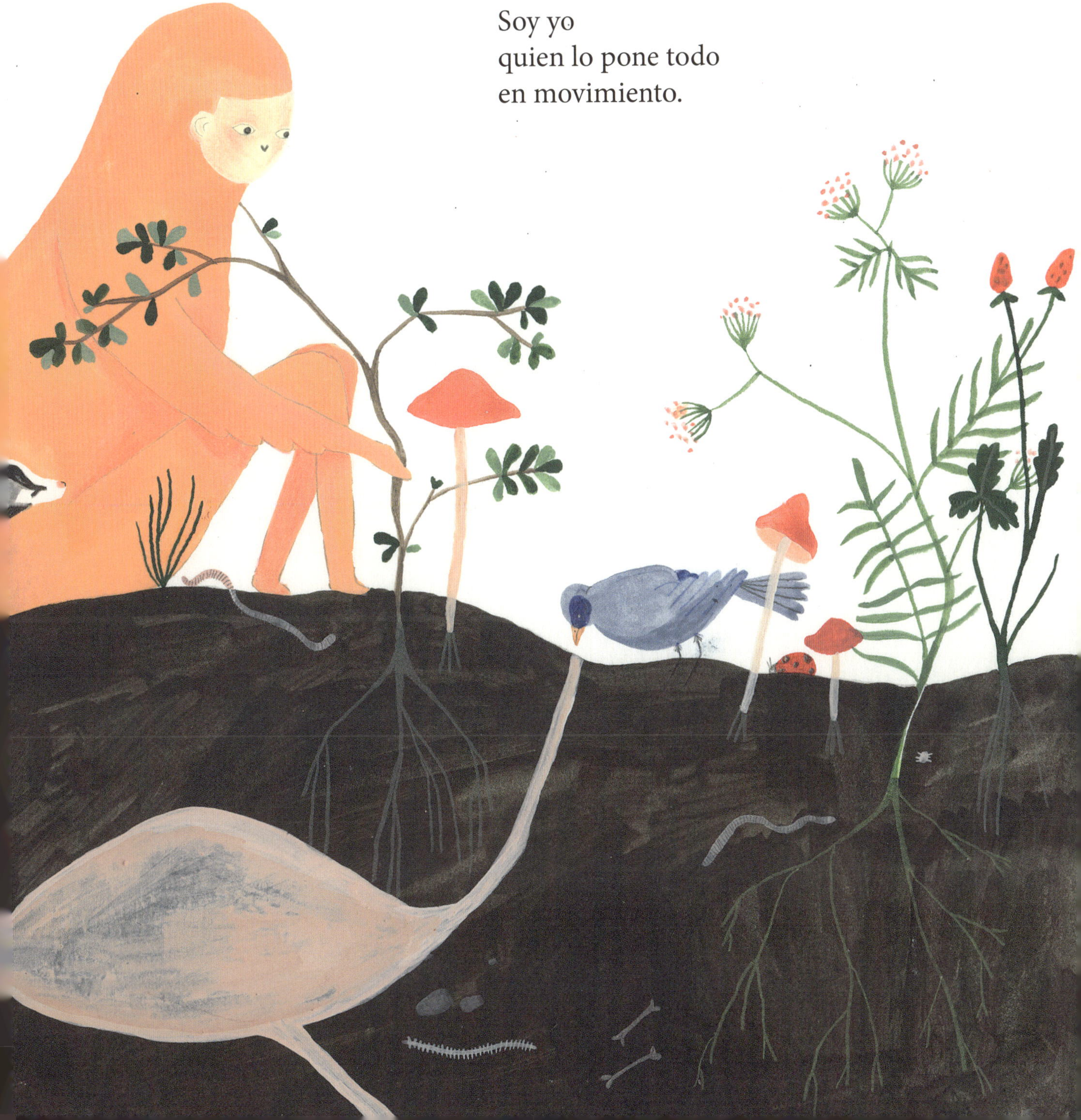

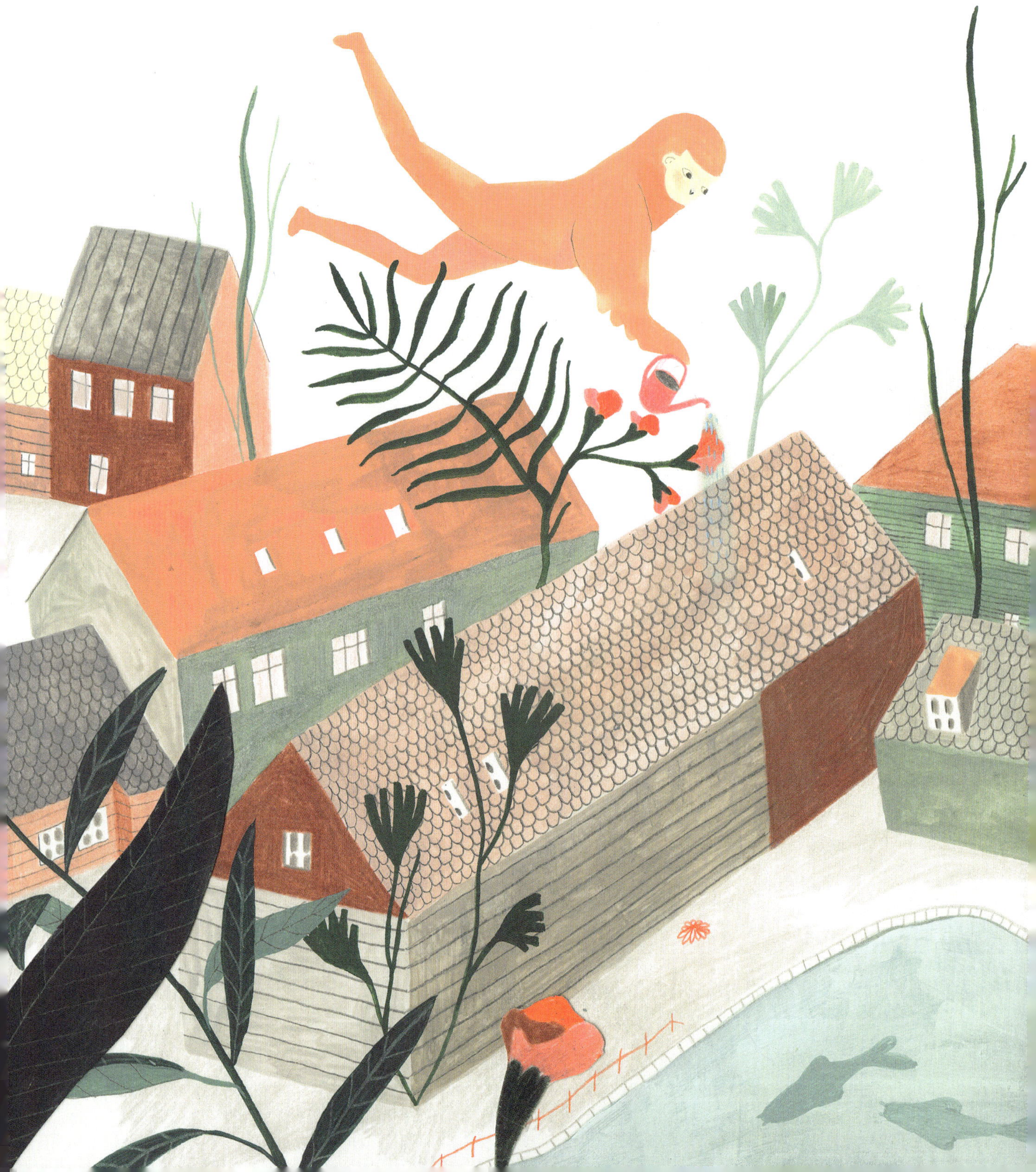

Planto semillas
y riego todo
lo que crece.

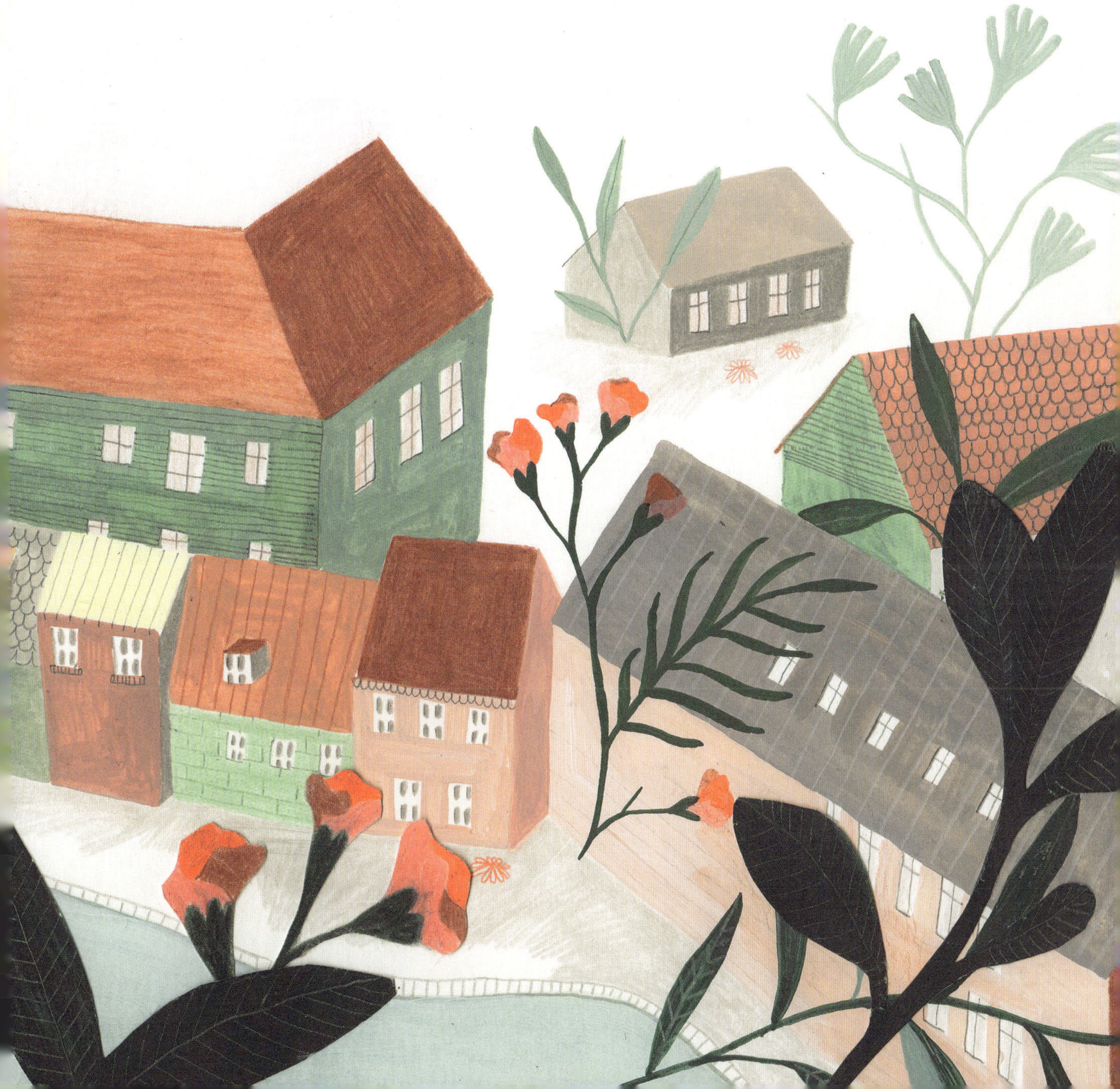

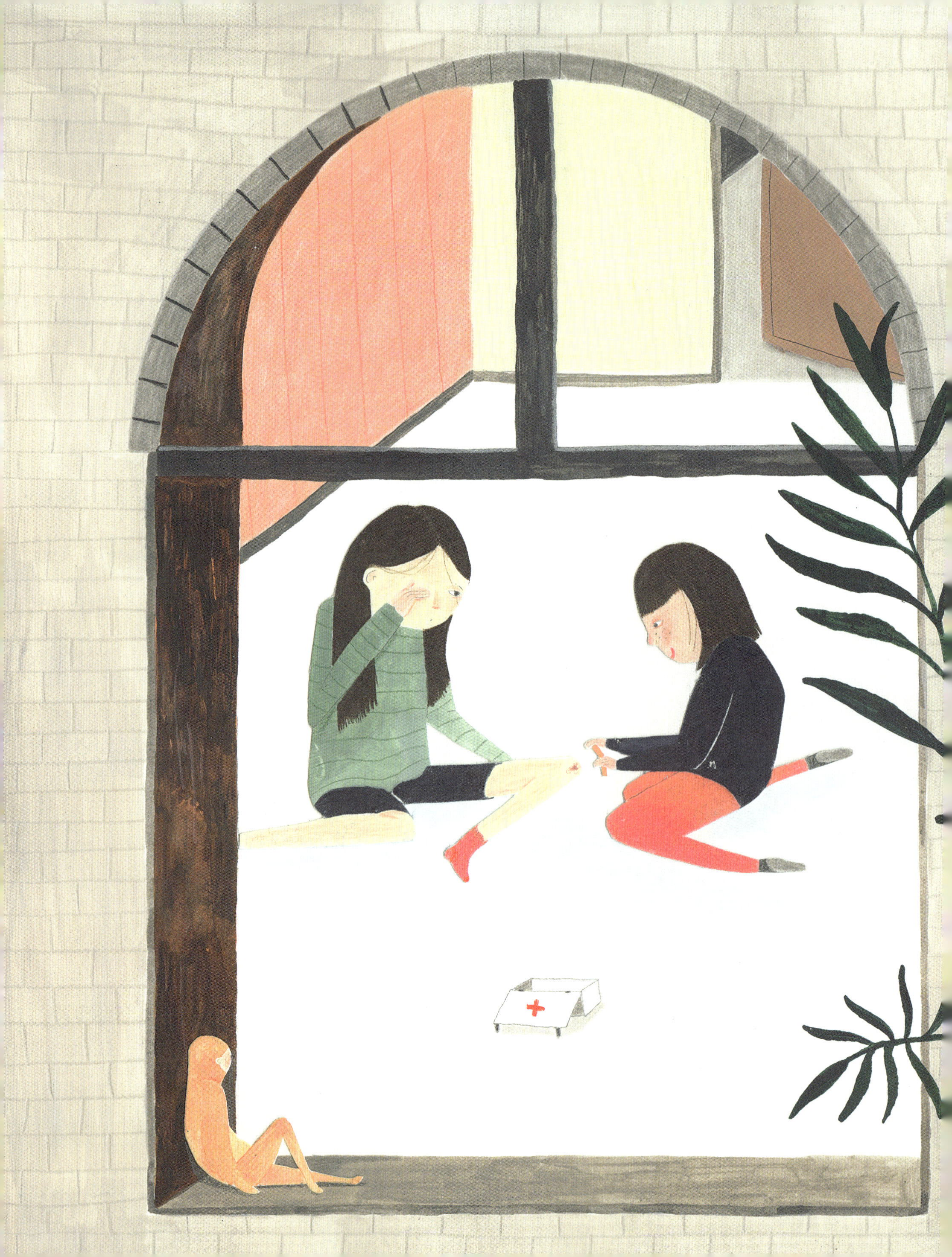

Estoy en todos
los que respiran
y tienen un corazón
que hacen ritmos.

Corazones que unas veces
se aceleran por el miedo
y otras se llenan de alegría.

Corazones que necesitan
dar amor y recibirlo.

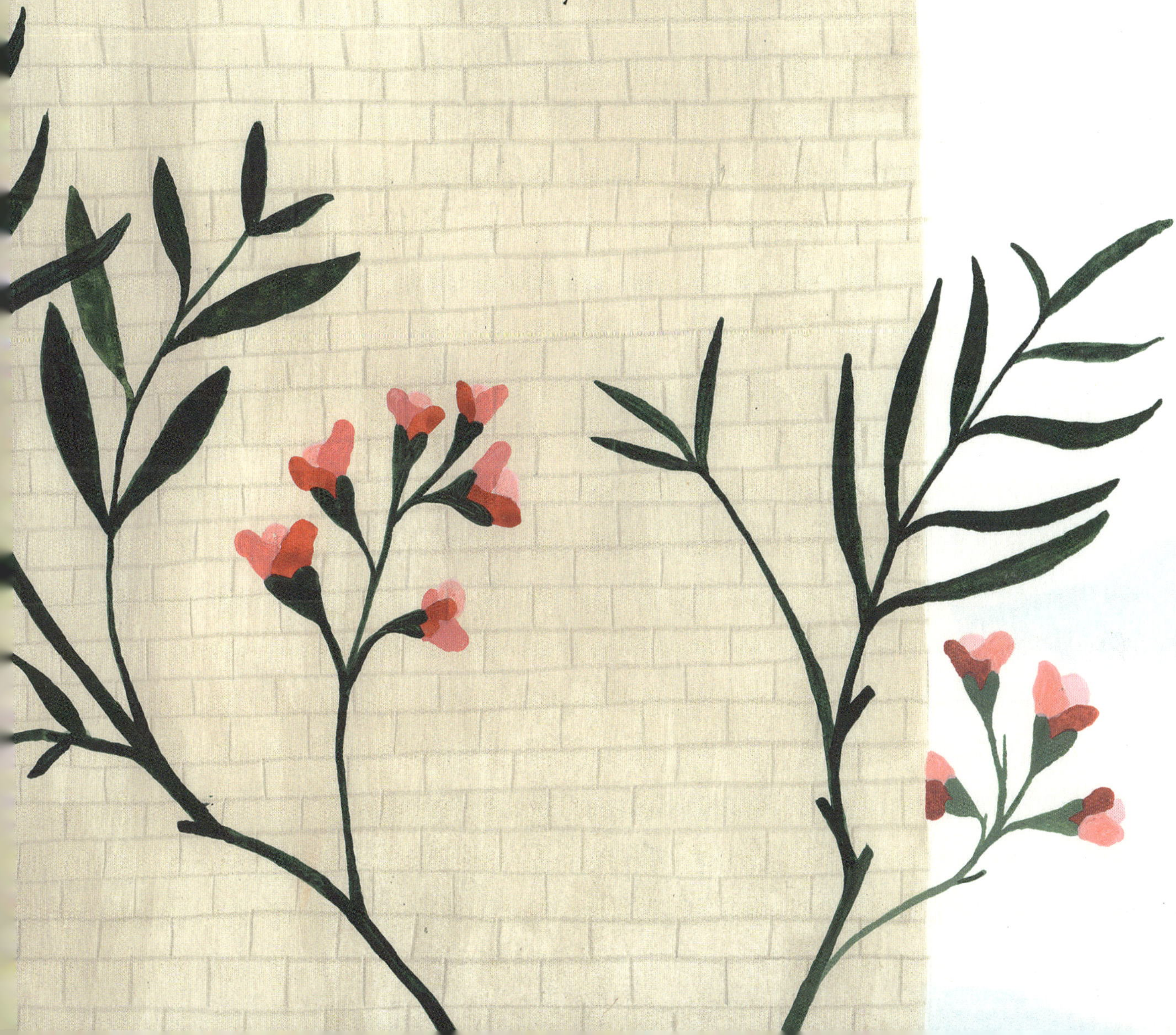

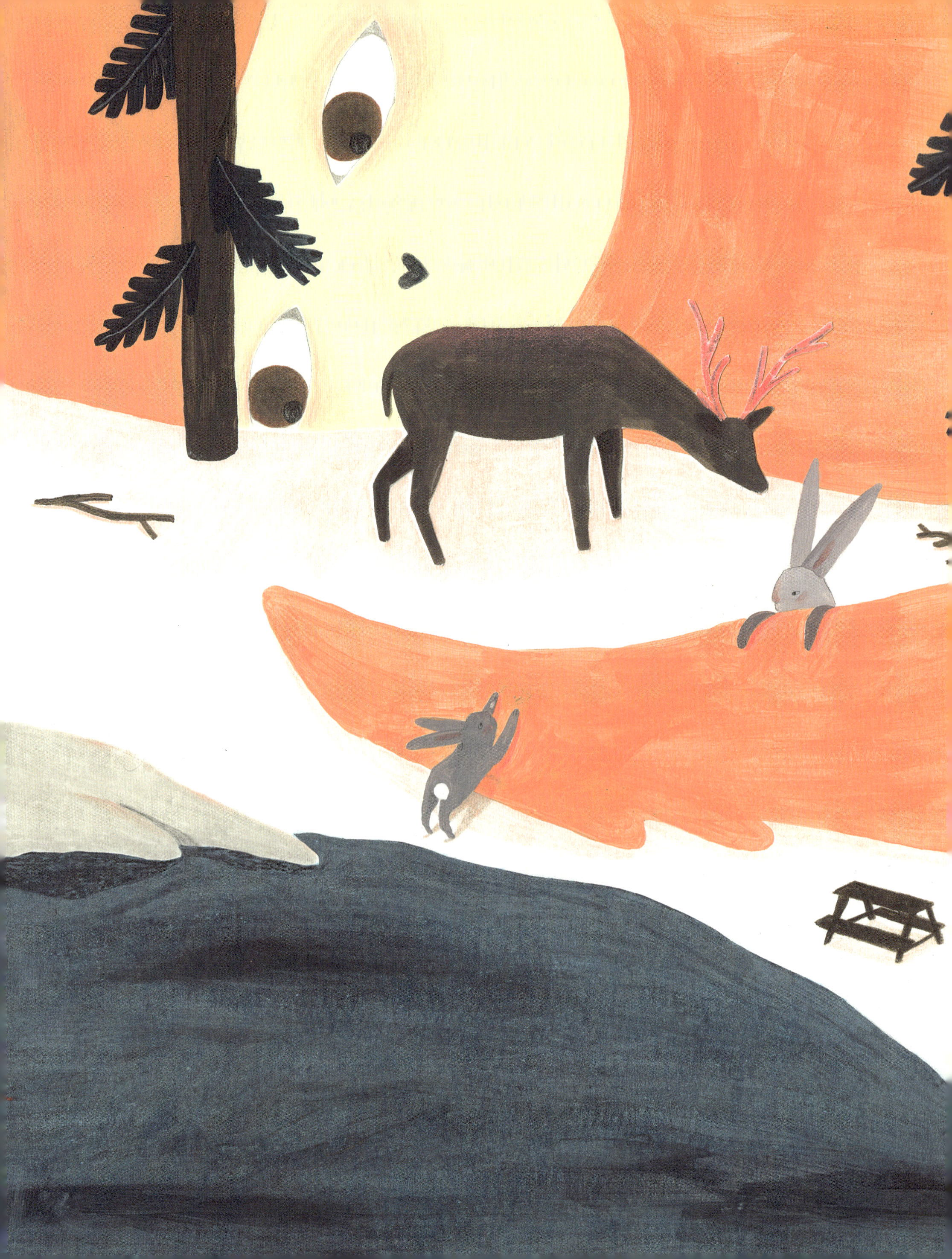

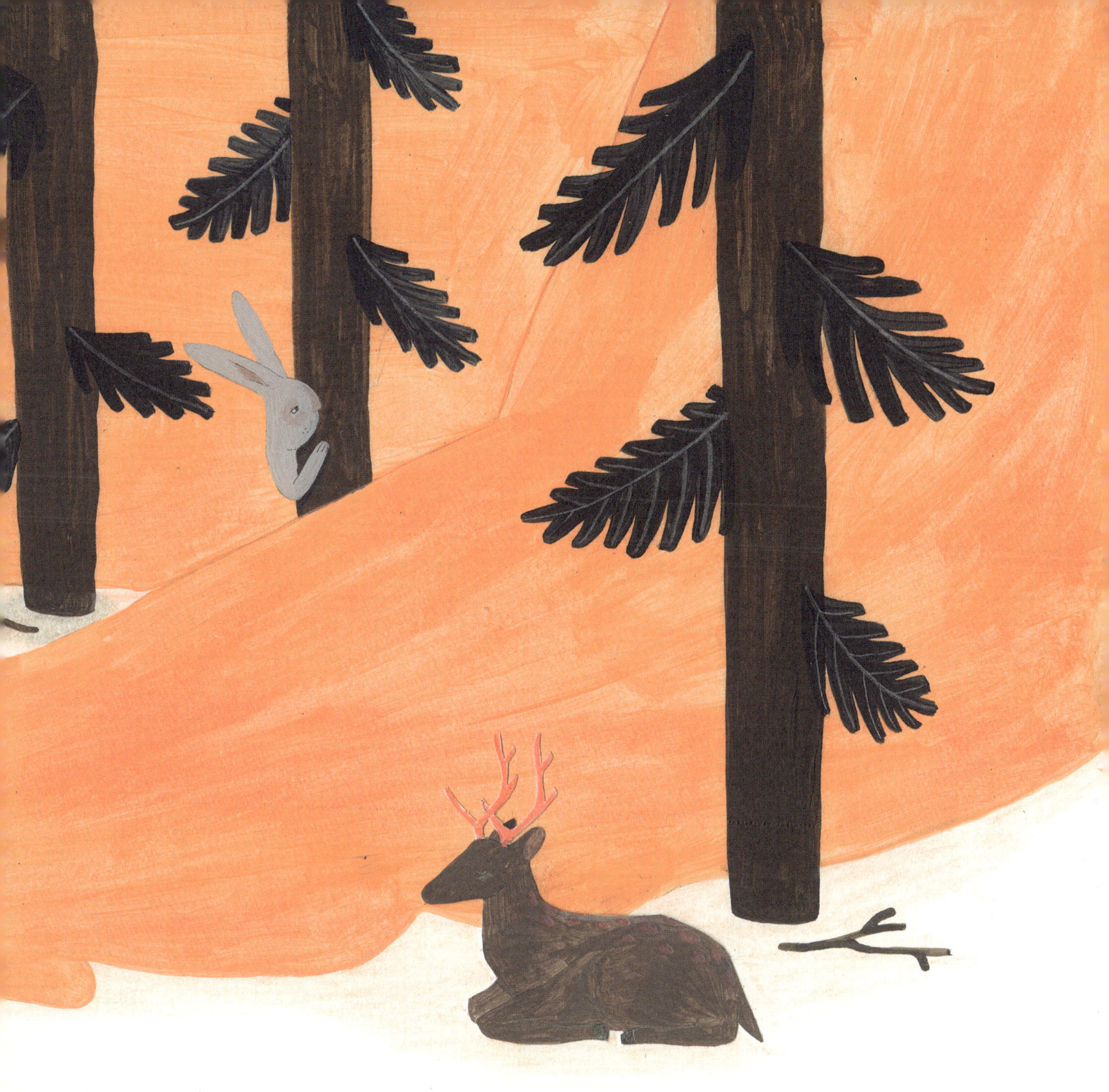

Podemos encontrarnos
un instante
o una eternidad.

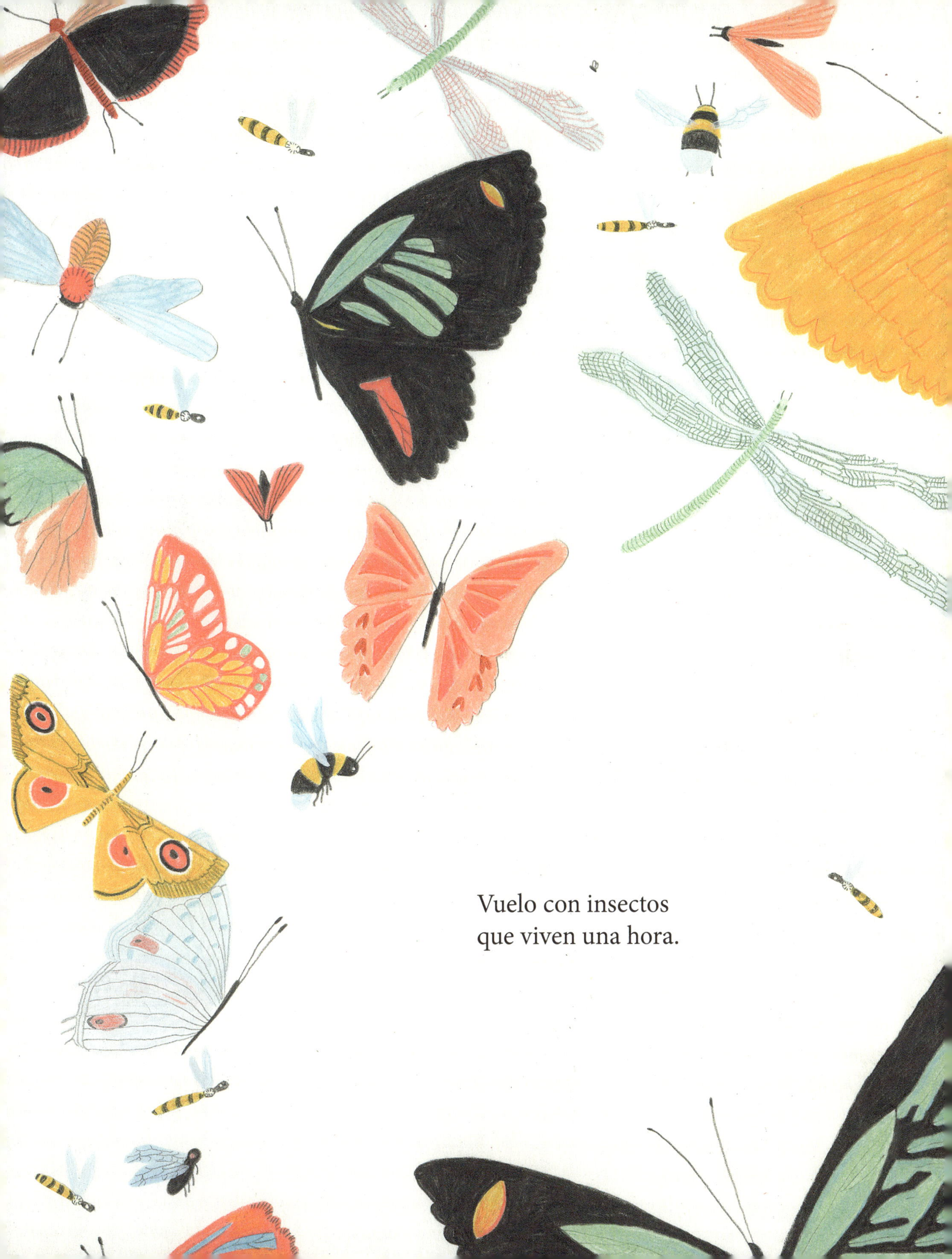

Vuelo con insectos
que viven una hora.

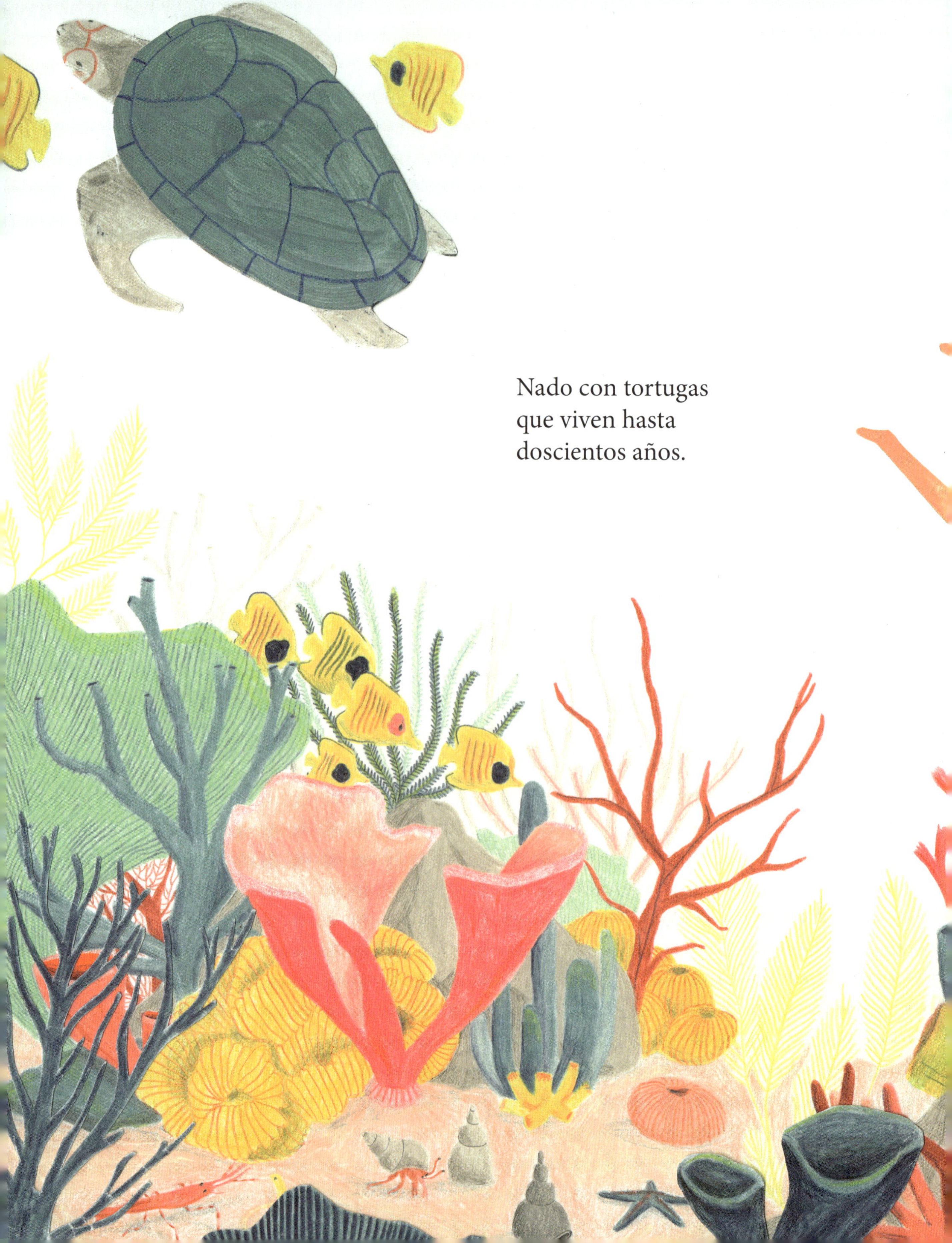

Nado con tortugas
que viven hasta
doscientos años.

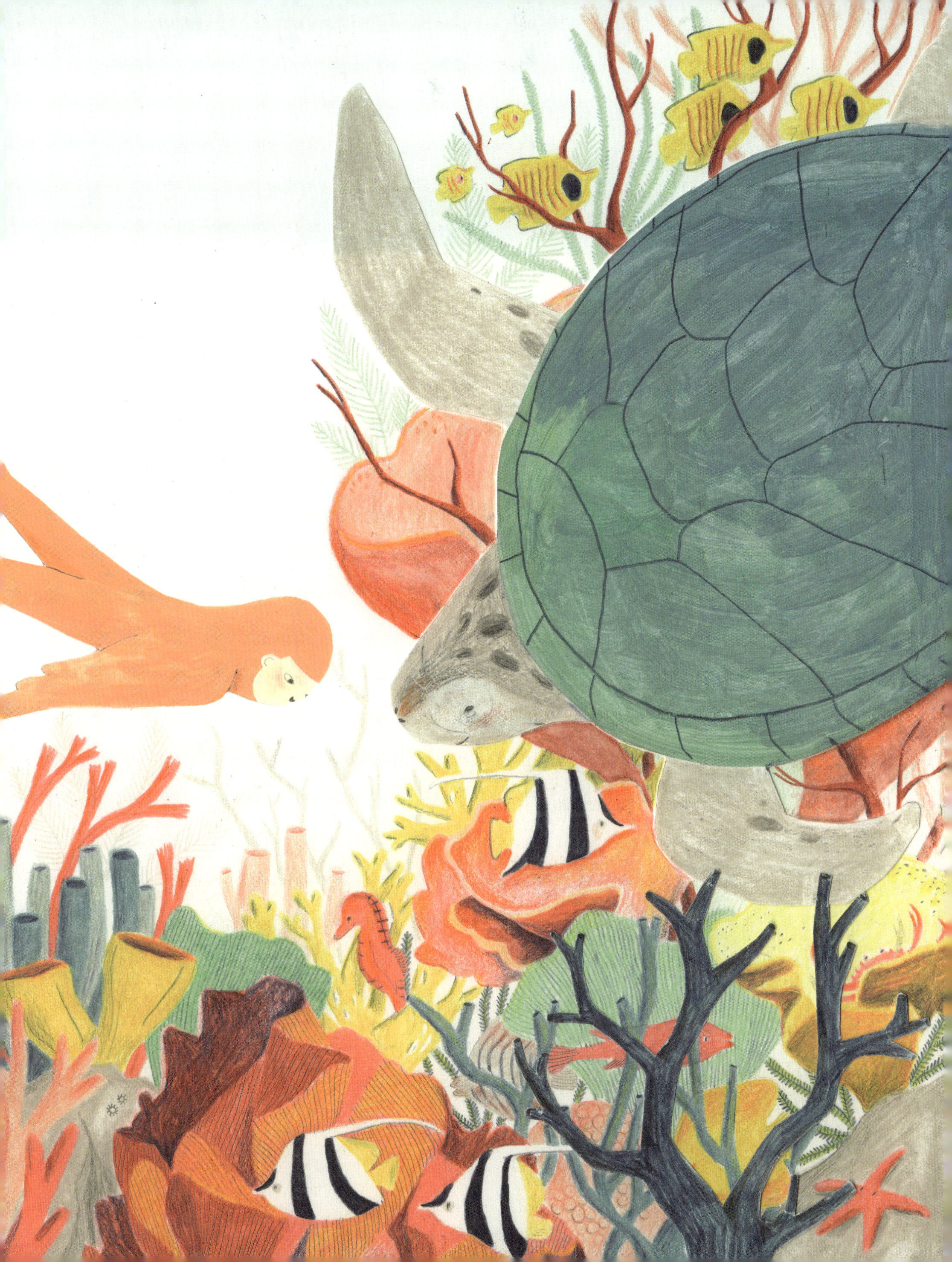

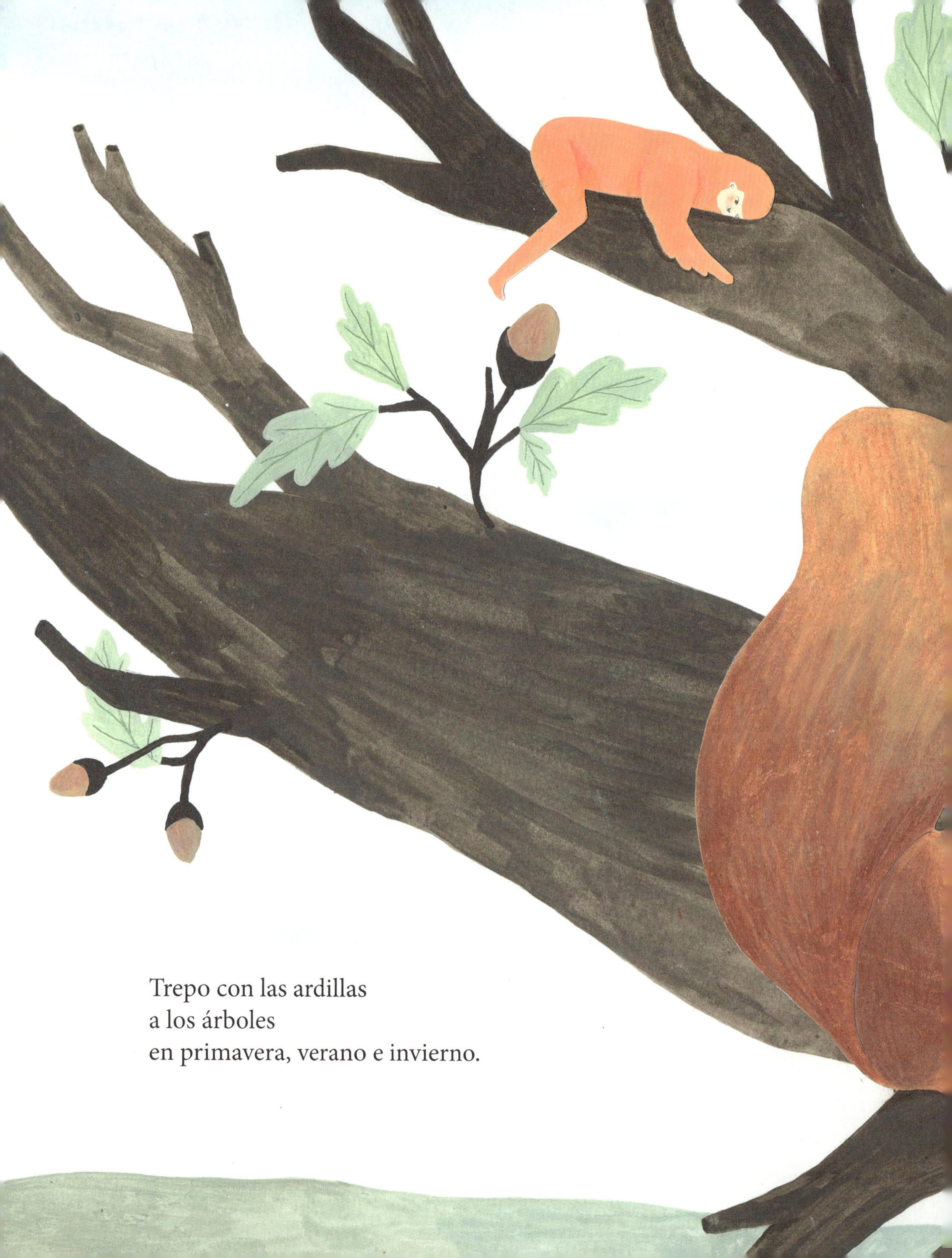

Trepo con las ardillas
a los árboles
en primavera, verano e invierno.

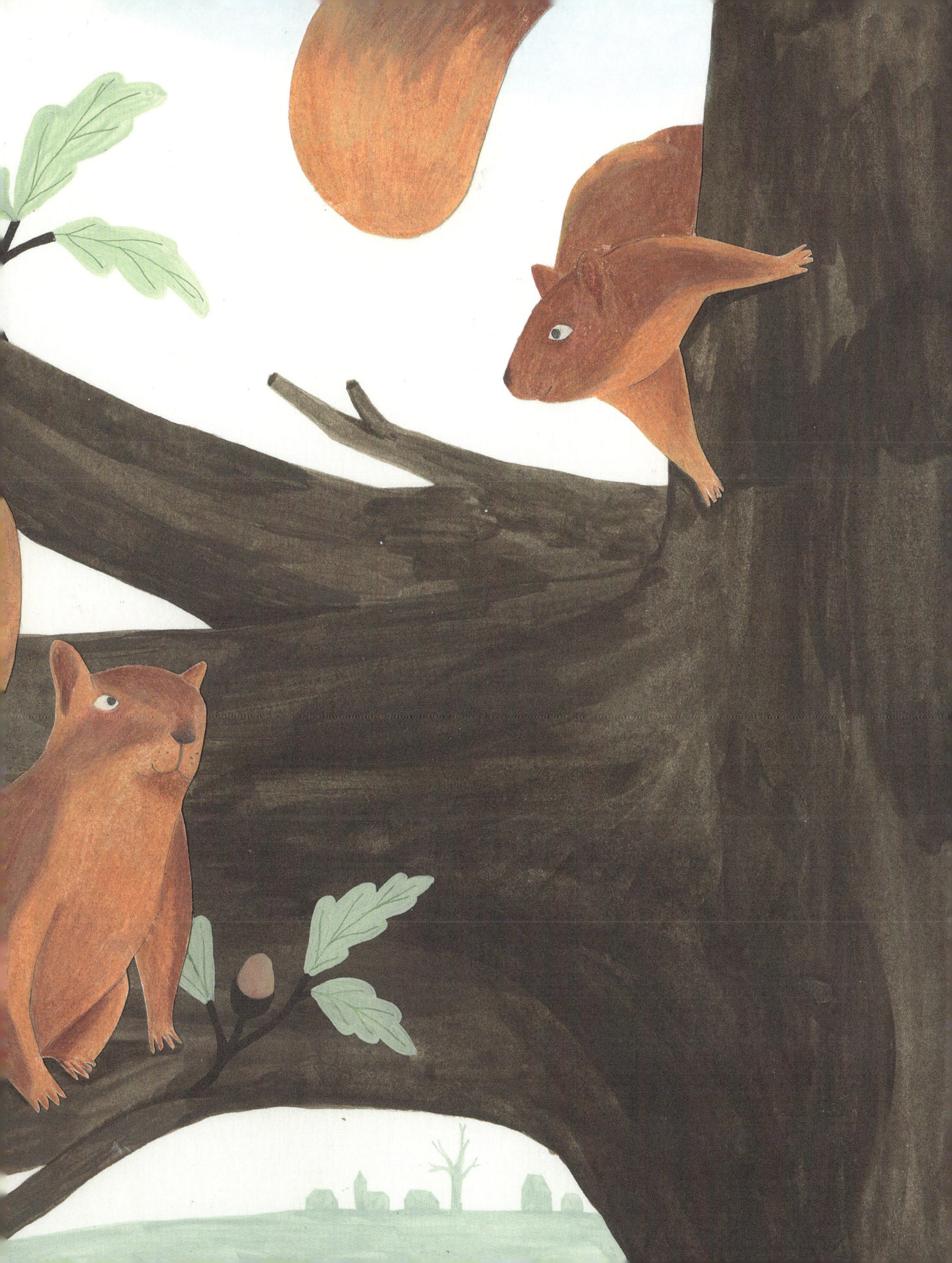

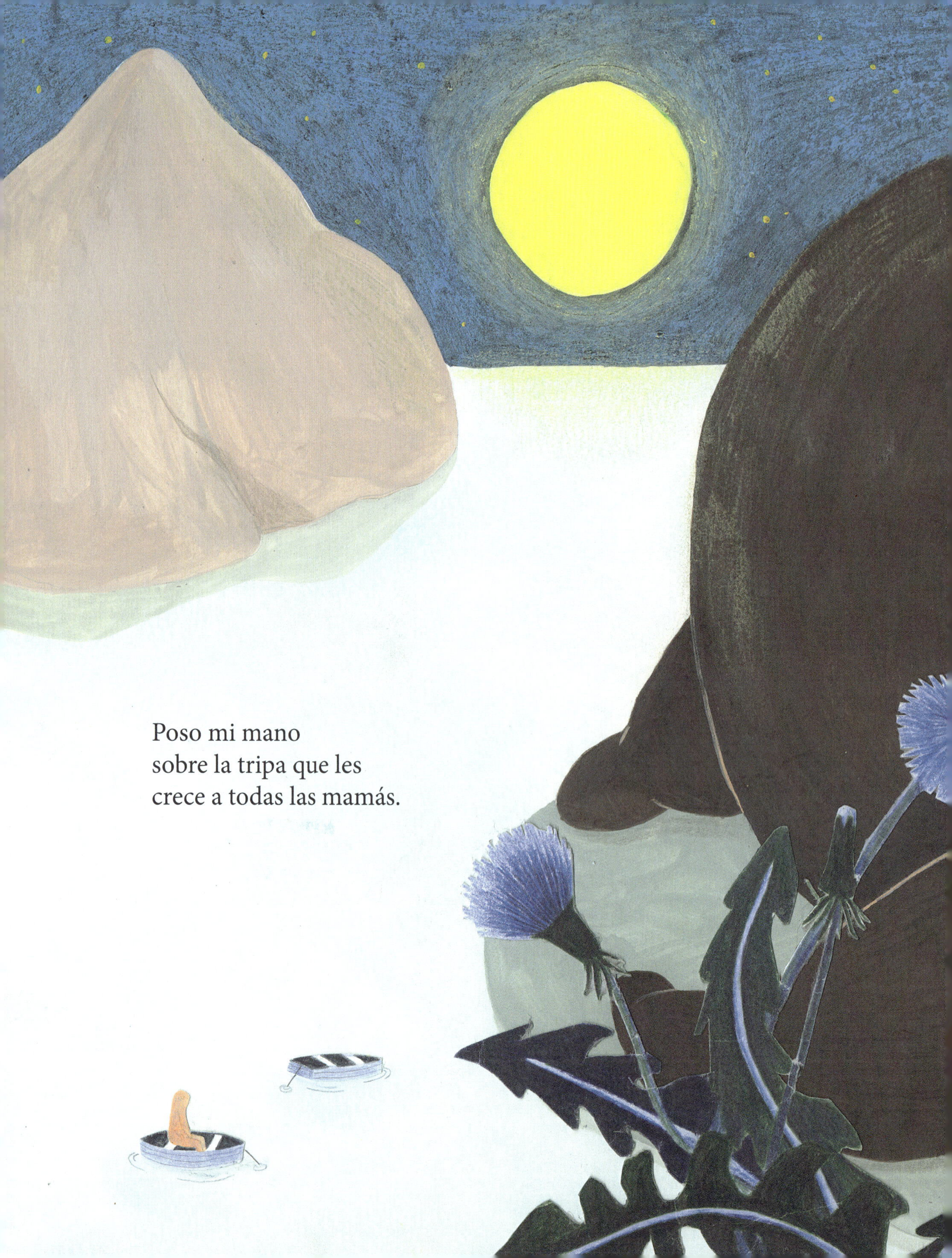

Poso mi mano
sobre la tripa que les
crece a todas las mamás.

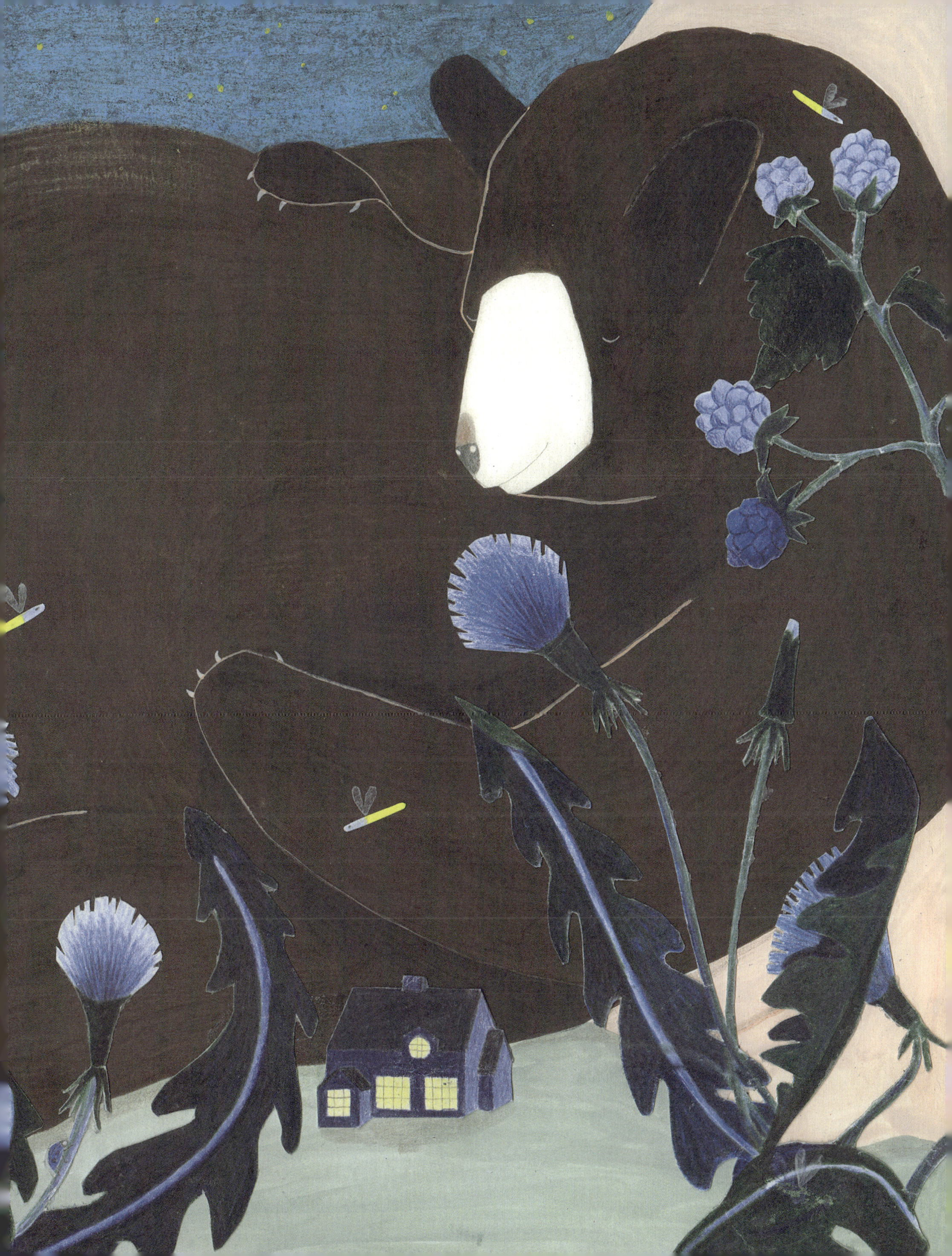

Acompaño a los niños
que se hacen mayores
y tienen sus propios niños
que a su vez tendrán los suyos.

Niños y mayores
forman largas hileras
que se extienden
por todo el planeta.

Fuertes hilos
de un tejido que ha tardado
millones de años
en formarse.

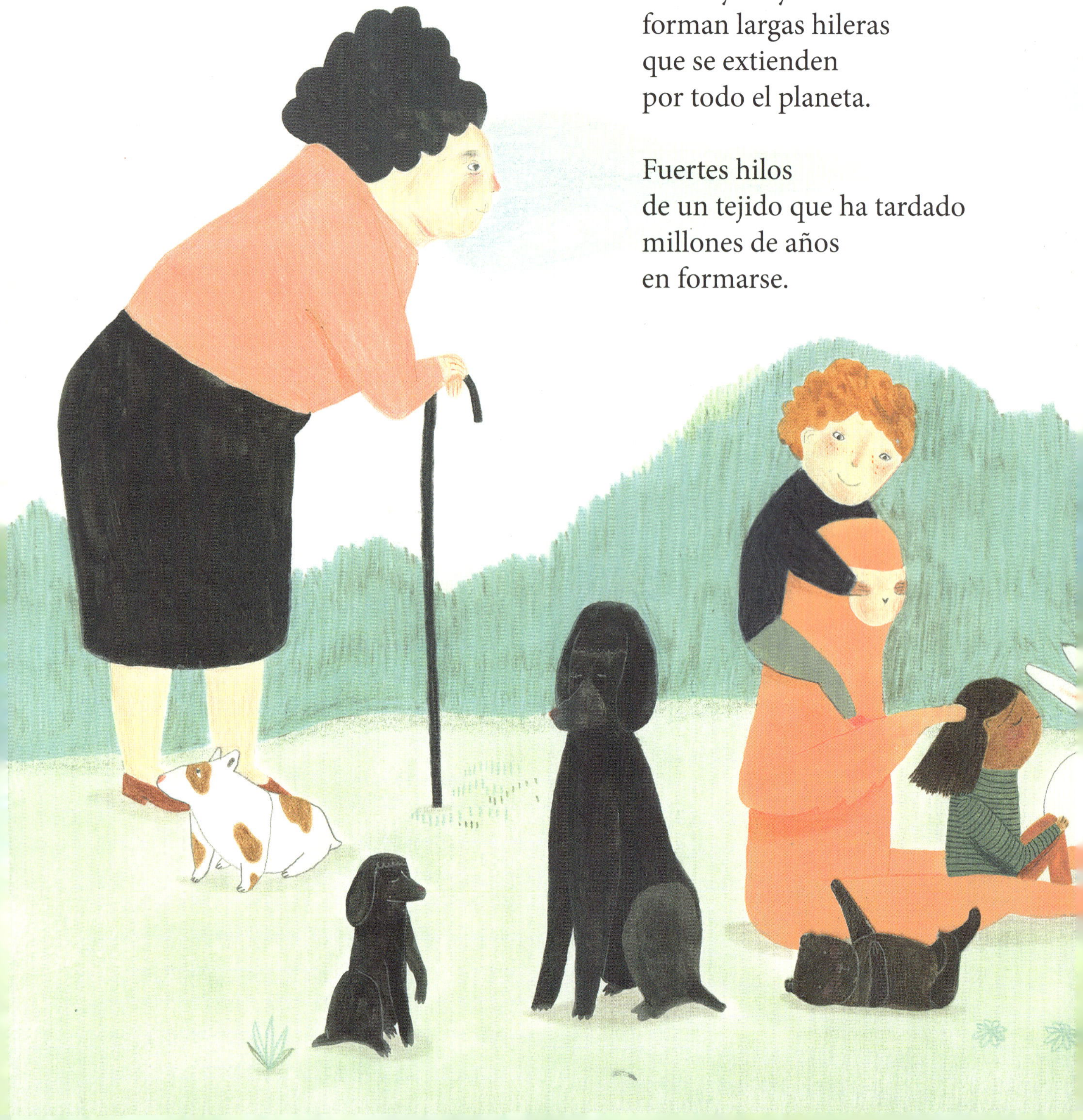

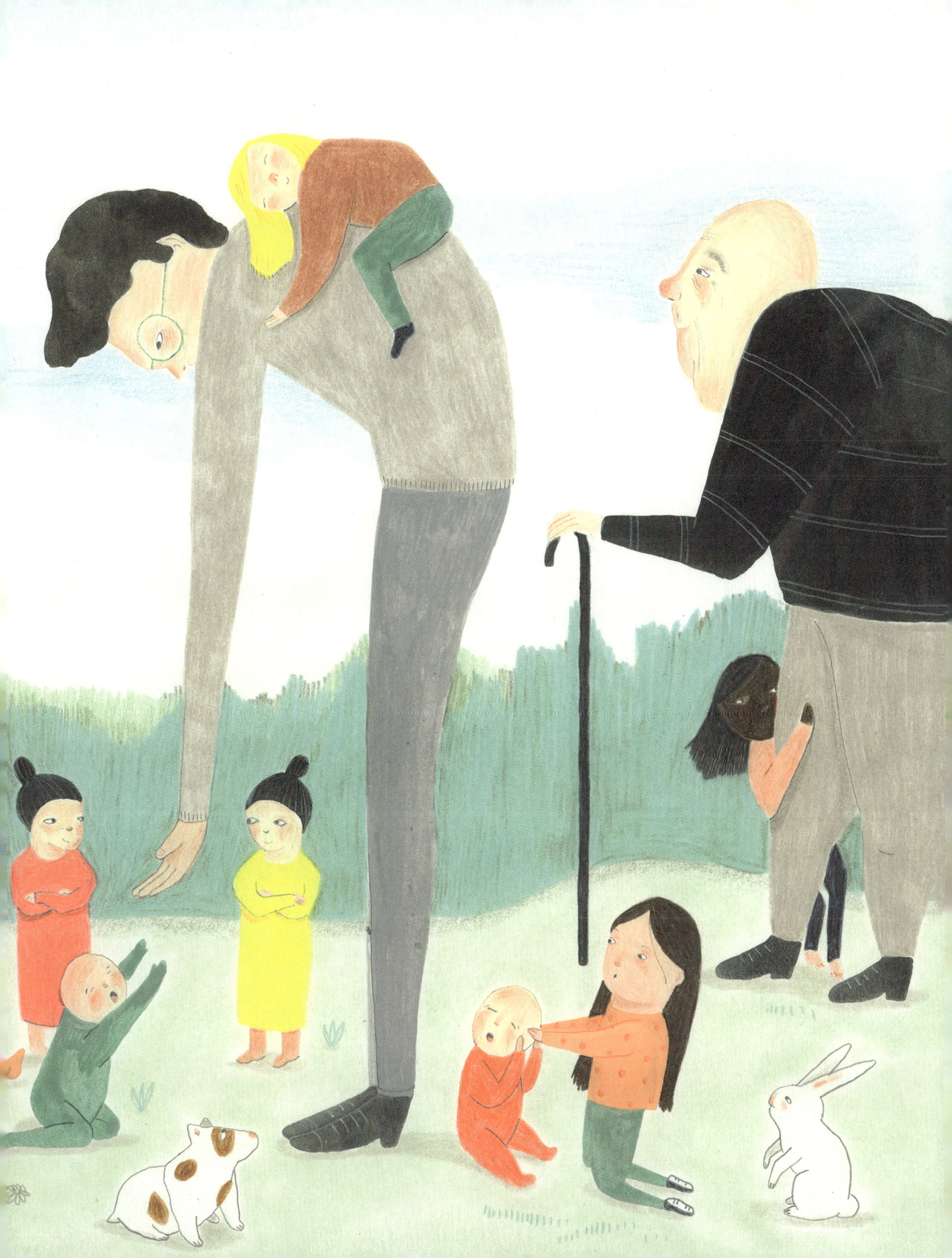

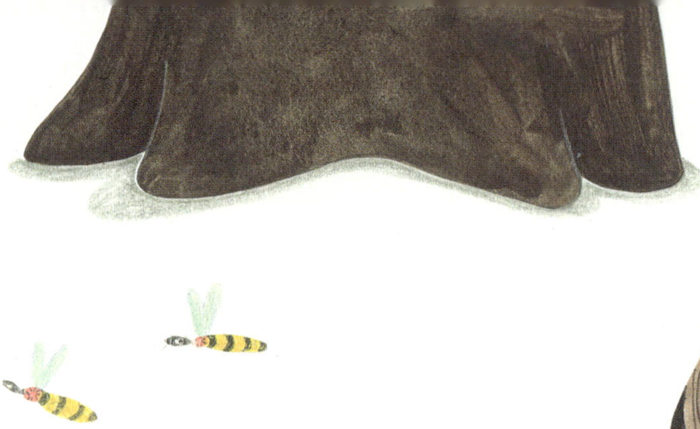

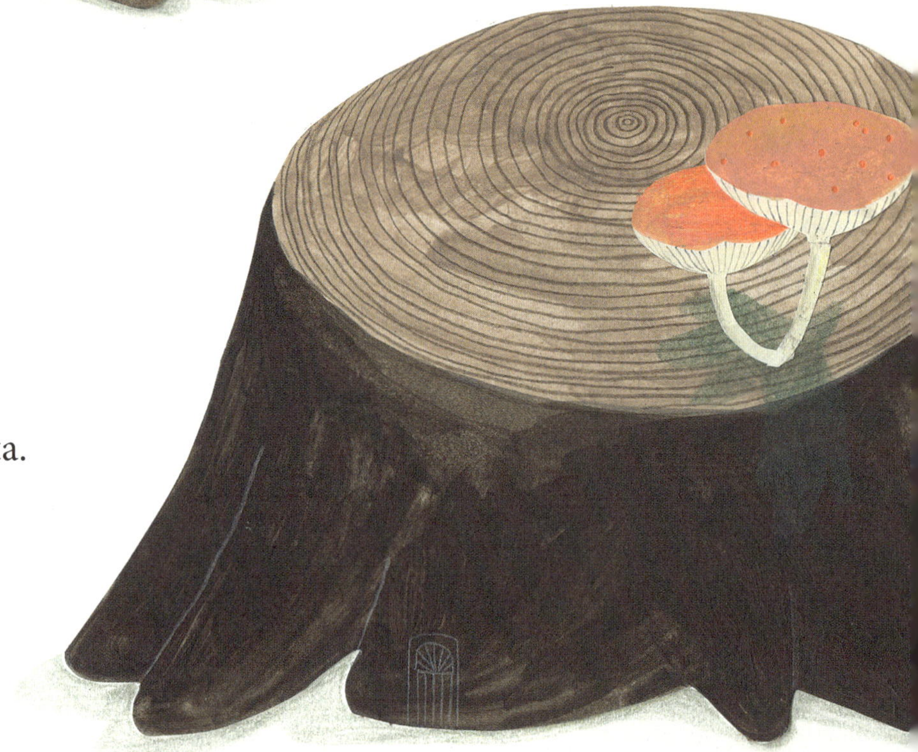

En todo y en todos
encontramos la fuerza
que hace girar el planeta.

En las abejas
que llevan el polen
de una flor a otra.

En los peces
que forman olas
que llegan hasta la orilla.

En todas las personas
capaces de verse unas a otras
y tenderse la mano.

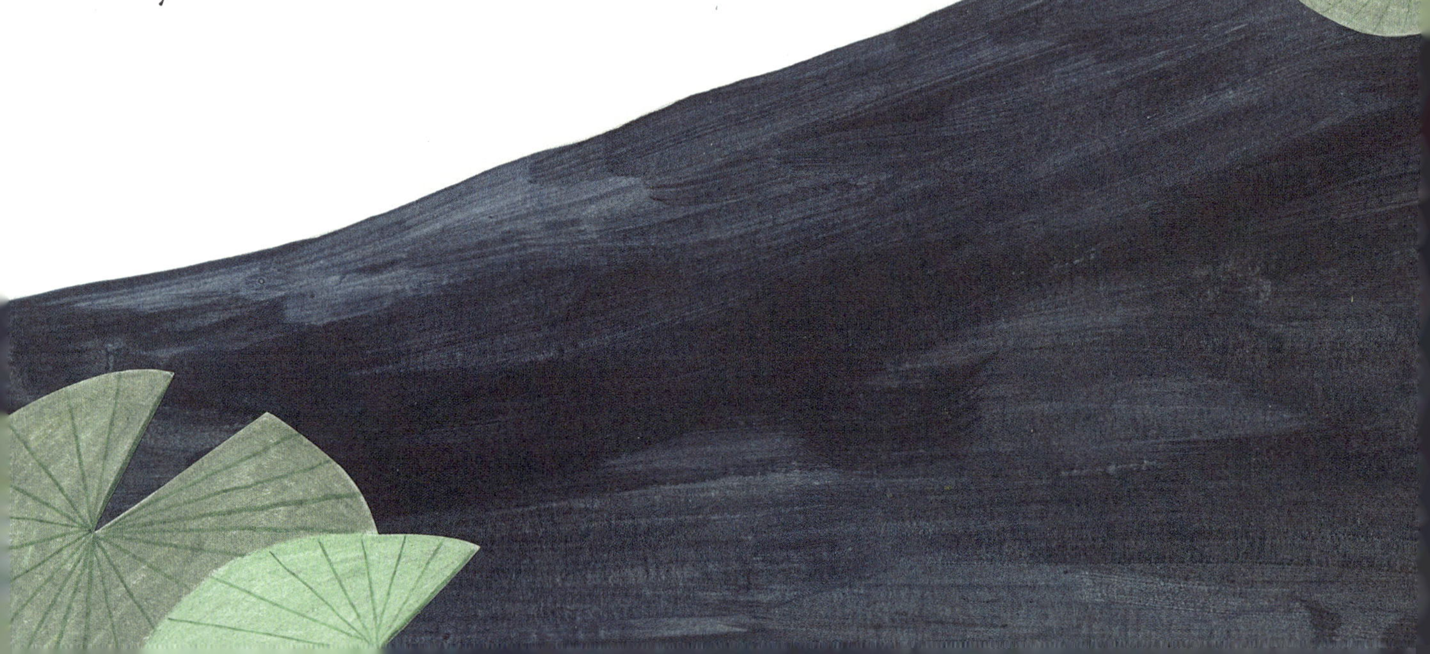

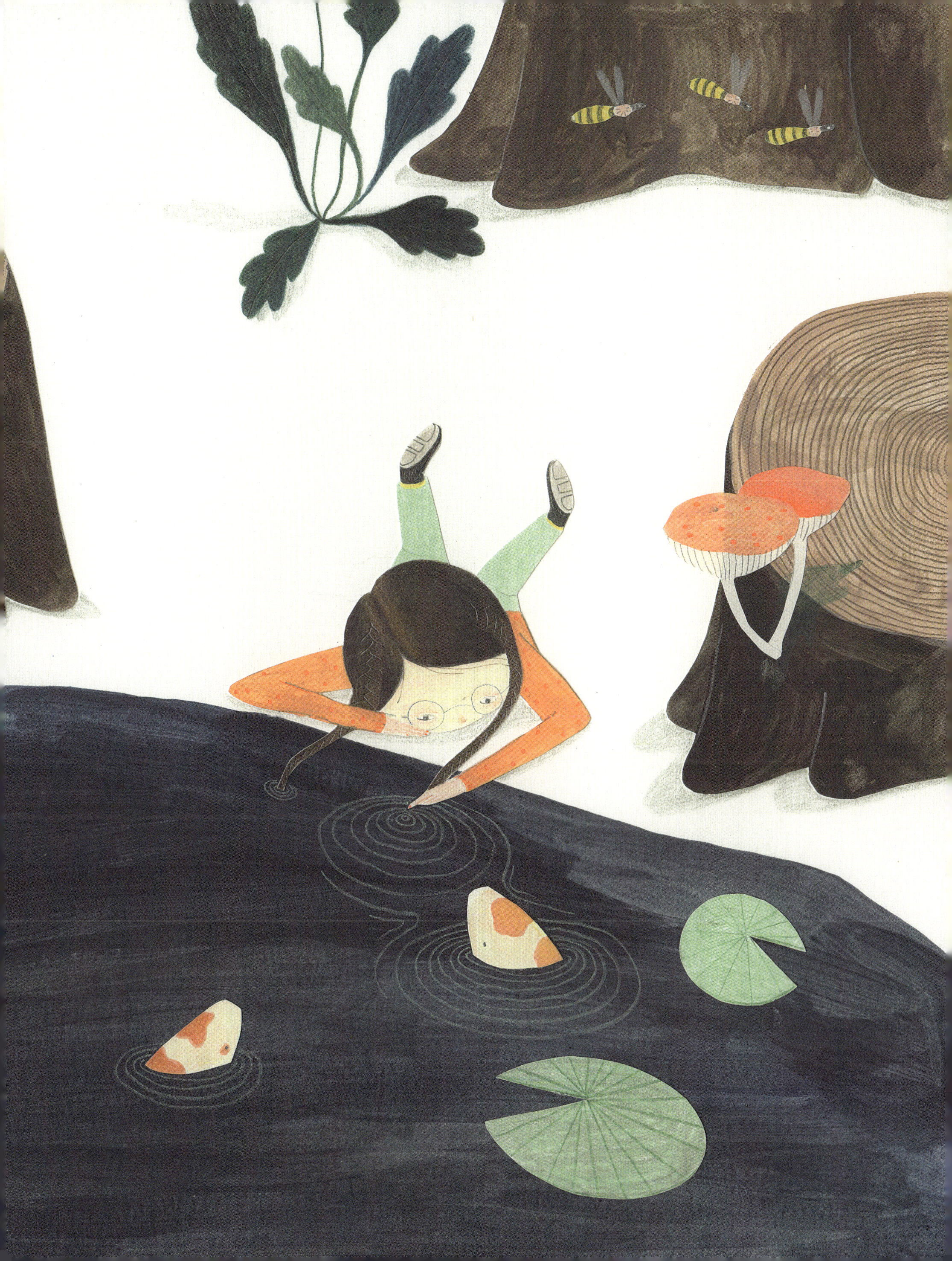

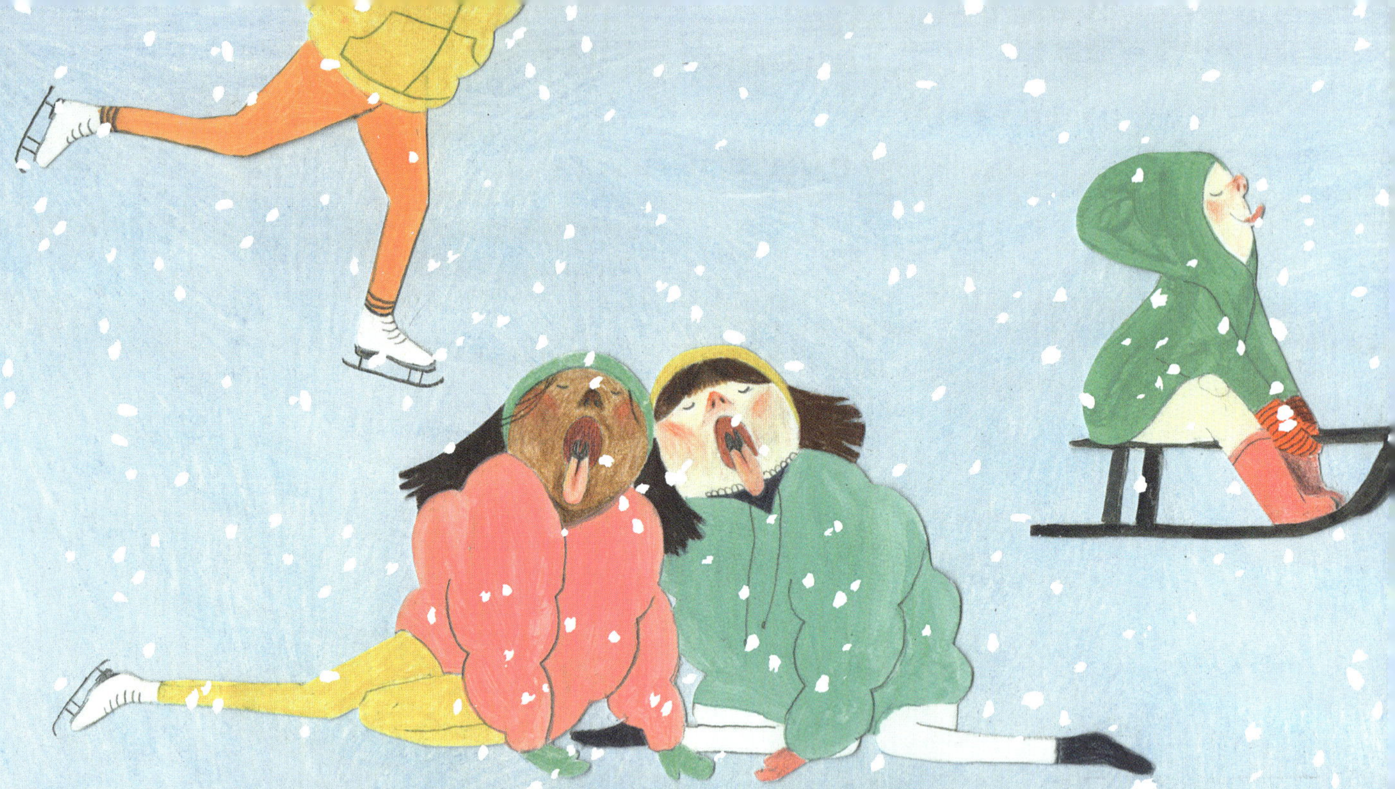

Todo el que me encuentro
tiene su propio cuerpo.

Un cuerpo capaz de saborear
los copos de nieve
que caen del cielo.

Un cuerpo capaz de oír
que el gato tiene hambre
y quiere entrar.

Un cuerpo capaz de ver
las estrellas brillar y la luna
menguar hasta quedarse en una línea.

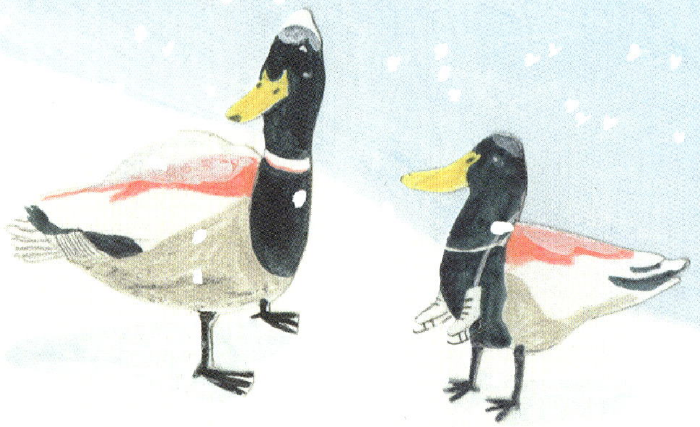

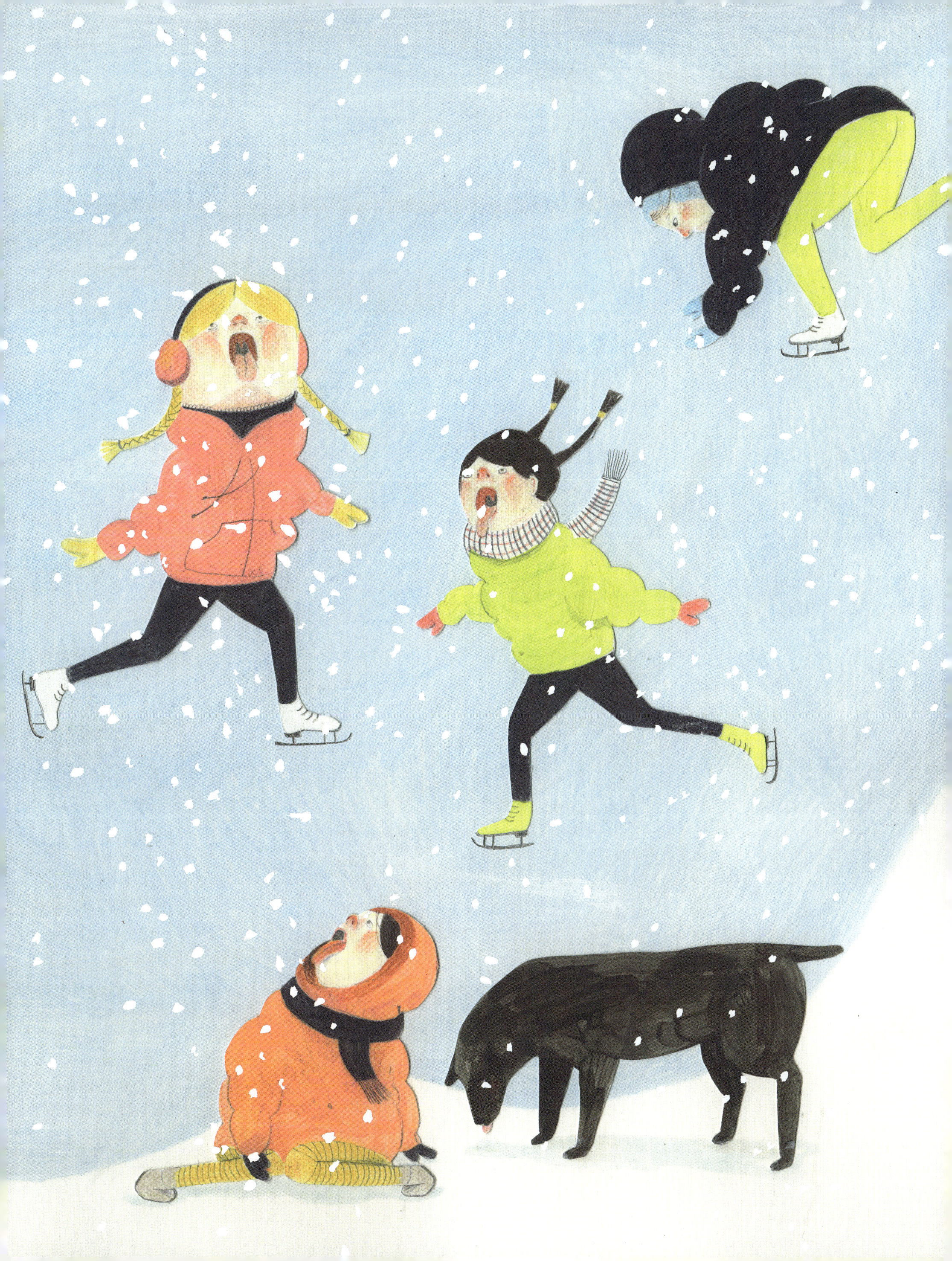

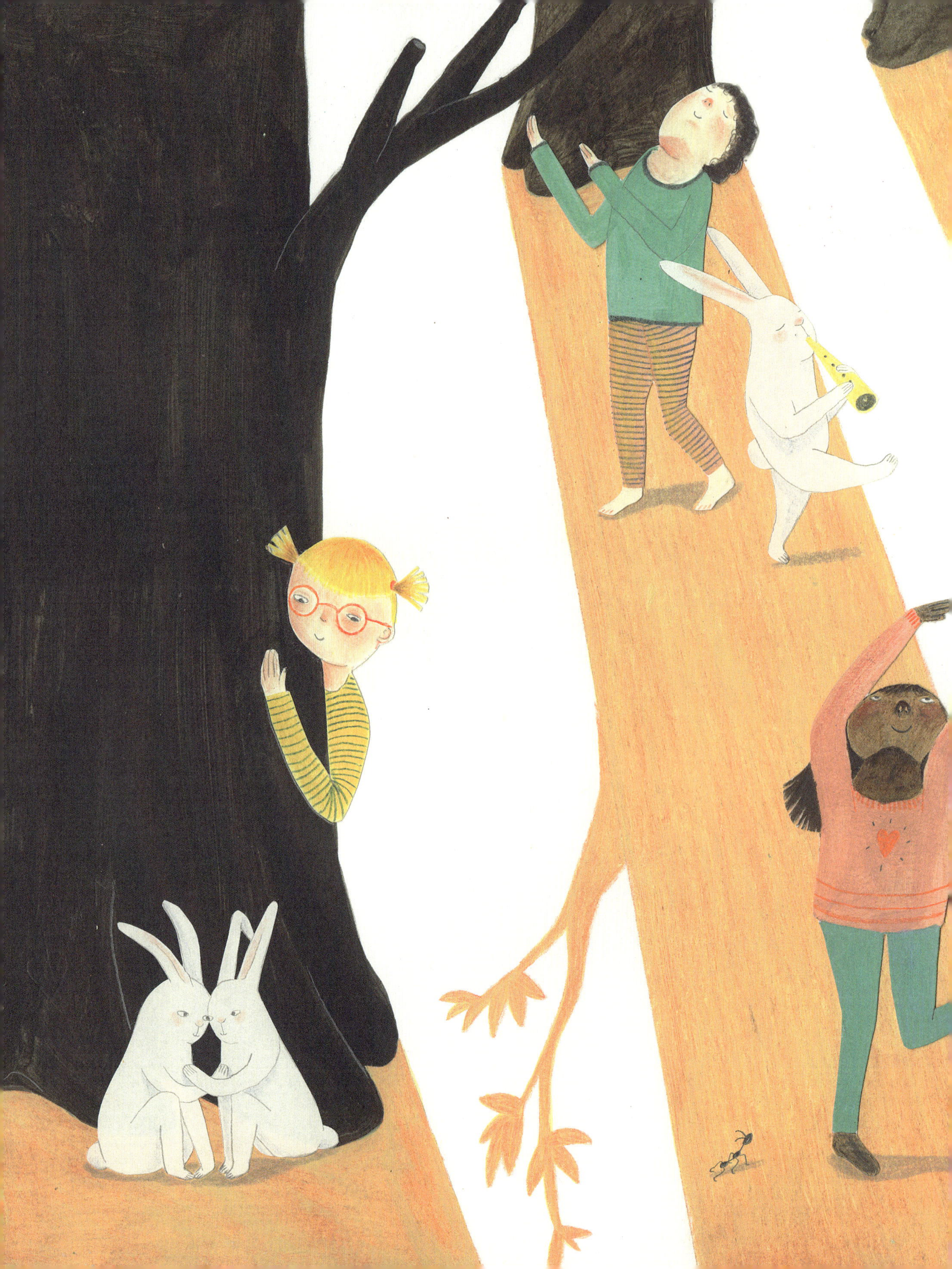

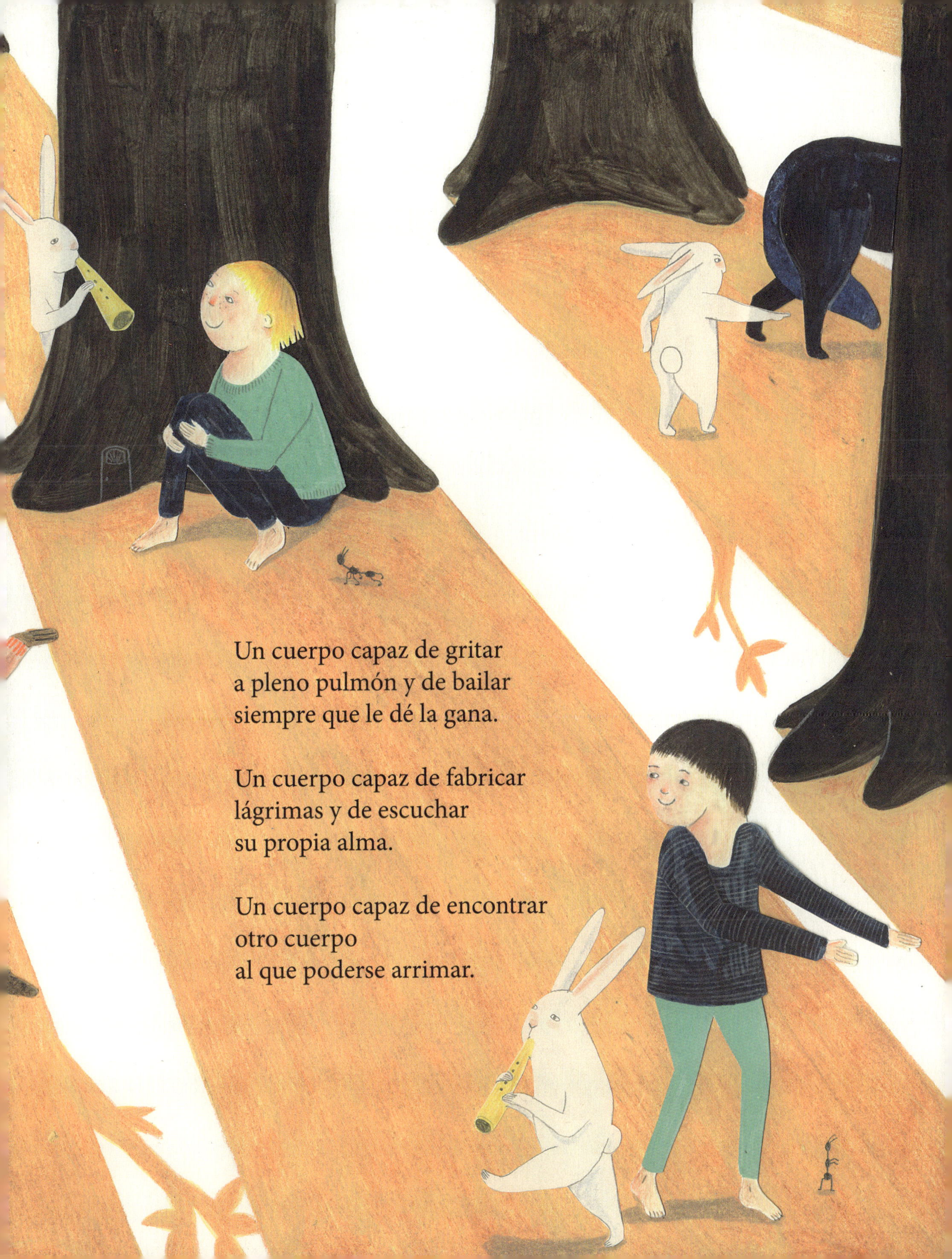

Un cuerpo capaz de gritar
a pleno pulmón y de bailar
siempre que le dé la gana.

Un cuerpo capaz de fabricar
lágrimas y de escuchar
su propia alma.

Un cuerpo capaz de encontrar
otro cuerpo
al que poderse arrimar.

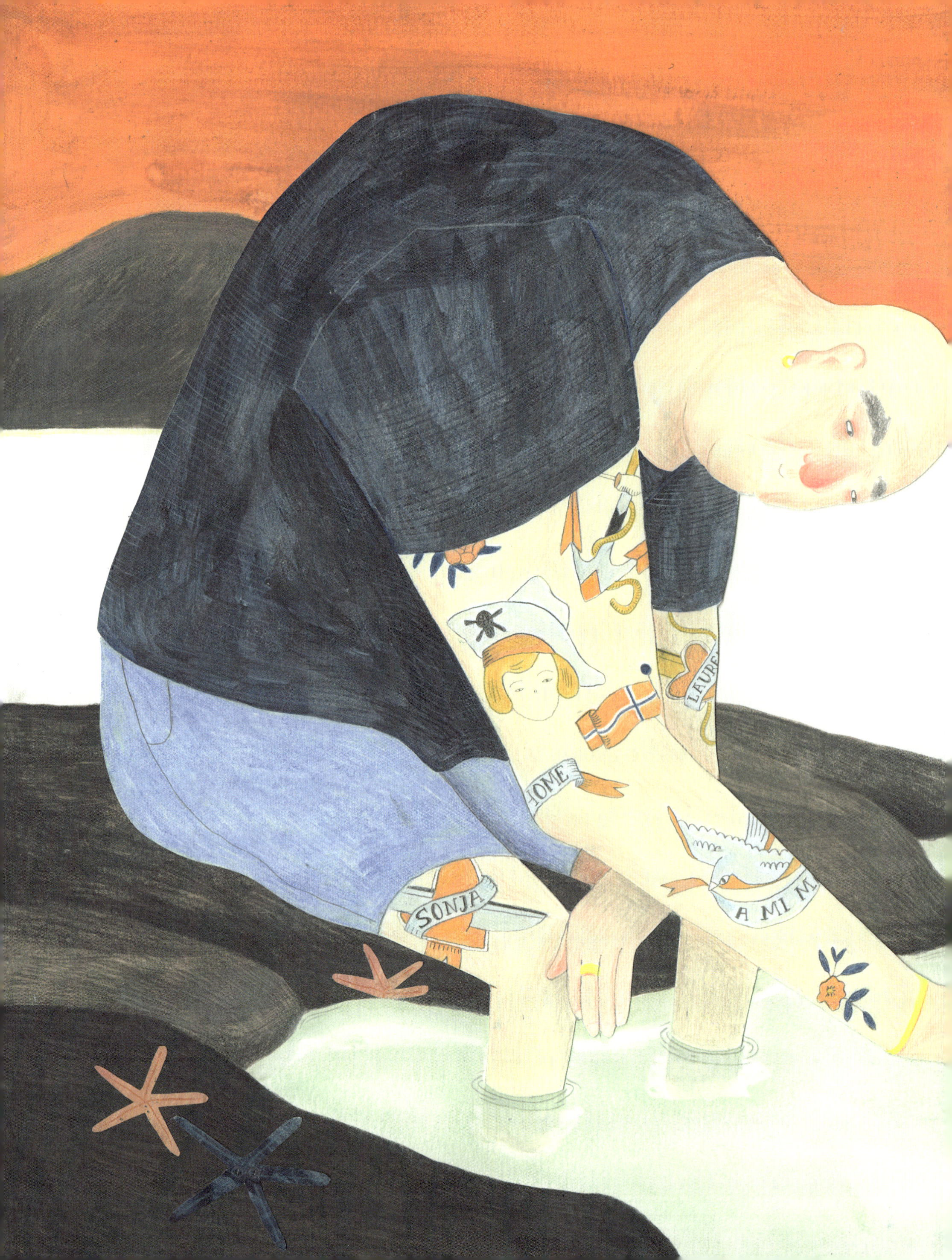
LAURE
HOME
SONJA
A MI M

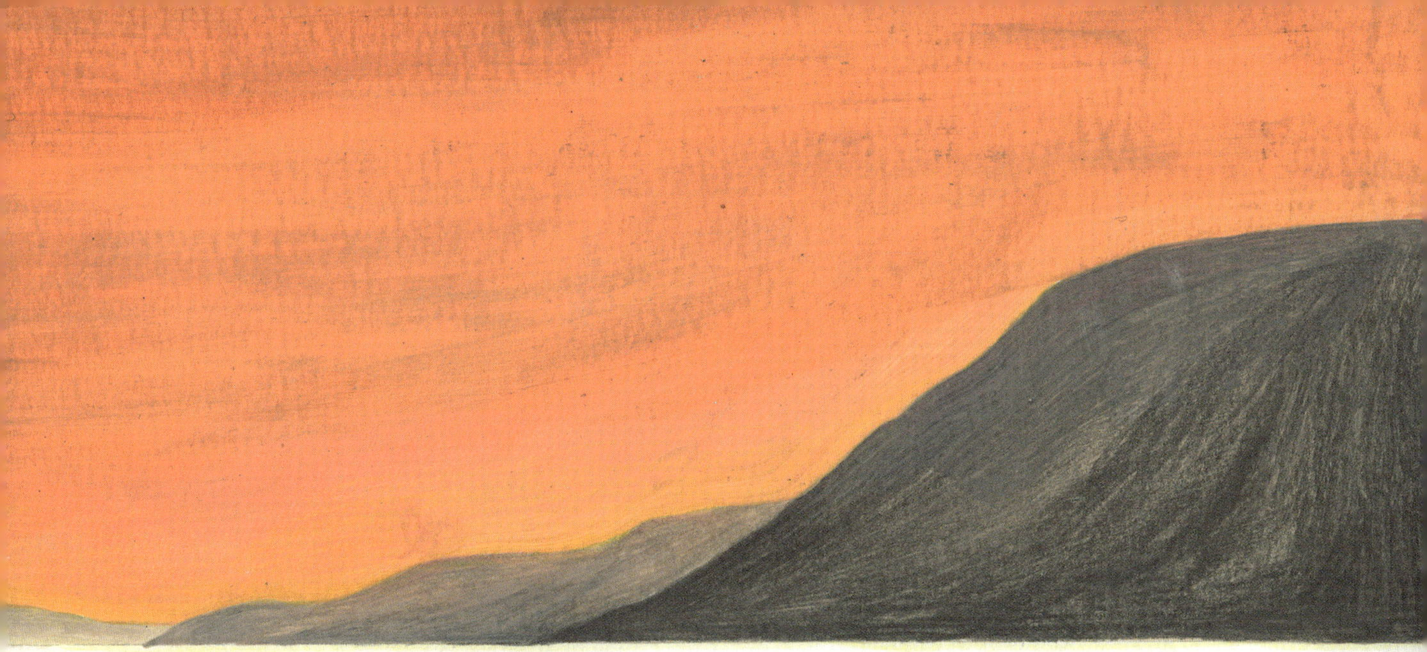

Un cuerpo con arrugas
que parecen el mapa
del viaje que ha realizado.

Un cuerpo de vello plateado
y ojos sabios
saciados de palabras.

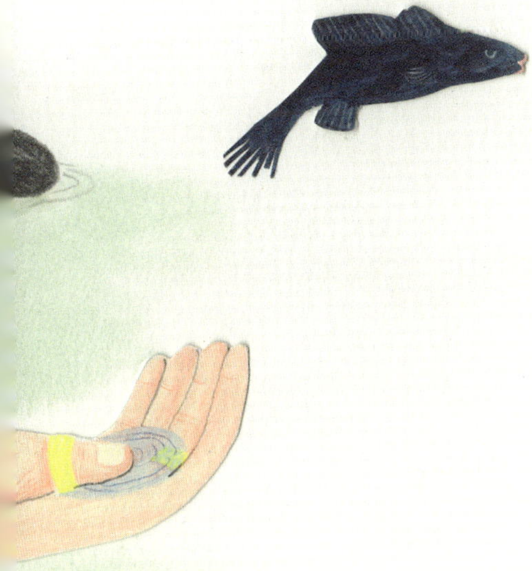

Un cuerpo capaz de ver
la poesía en las gotas de lluvia
que caen sobre la tierra.

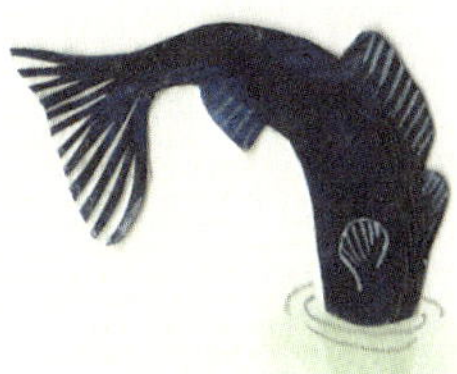

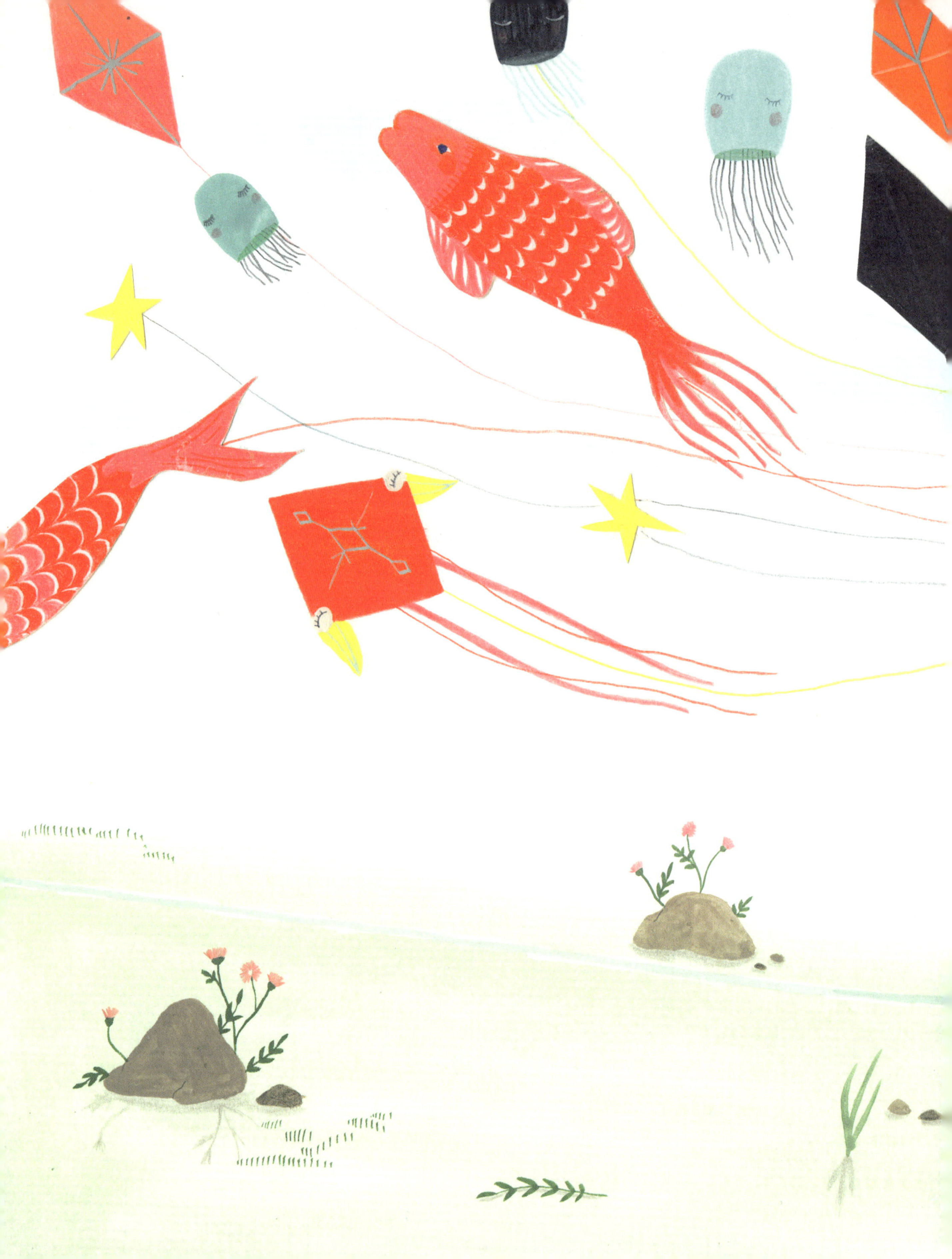

Cuando llega la Muerte,
siempre estoy ahí.

Ella y yo habitamos
mano a mano
en este planeta.

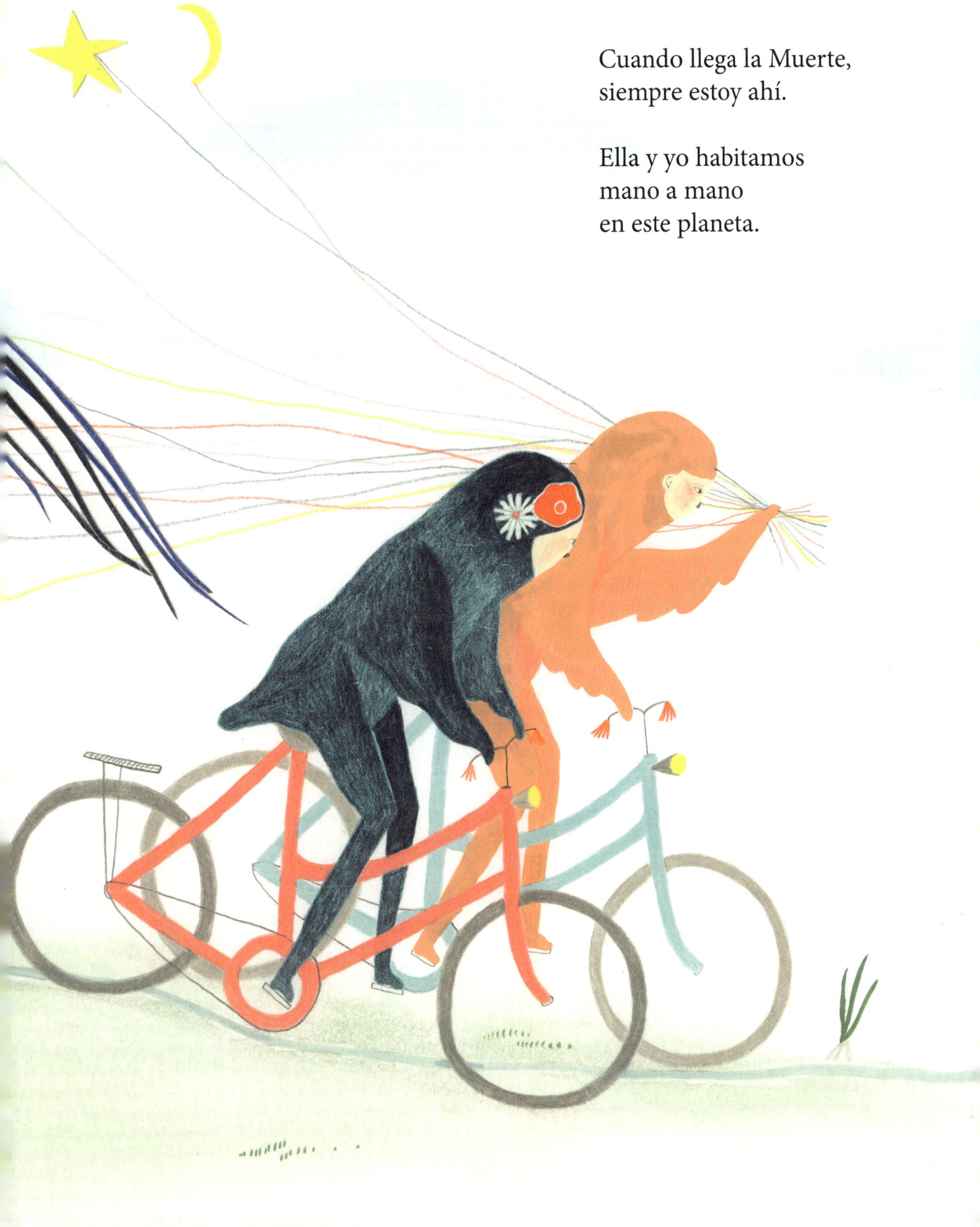

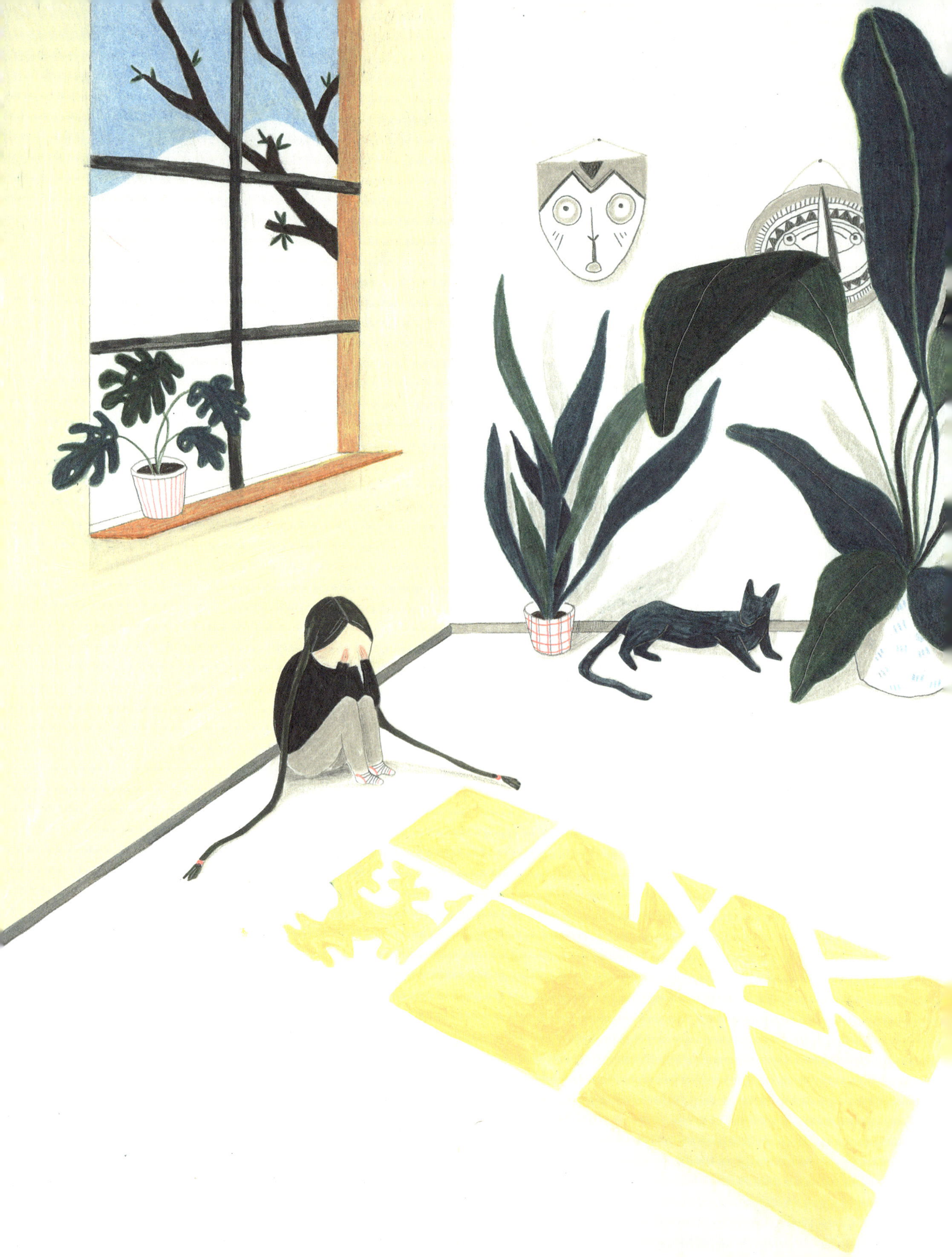

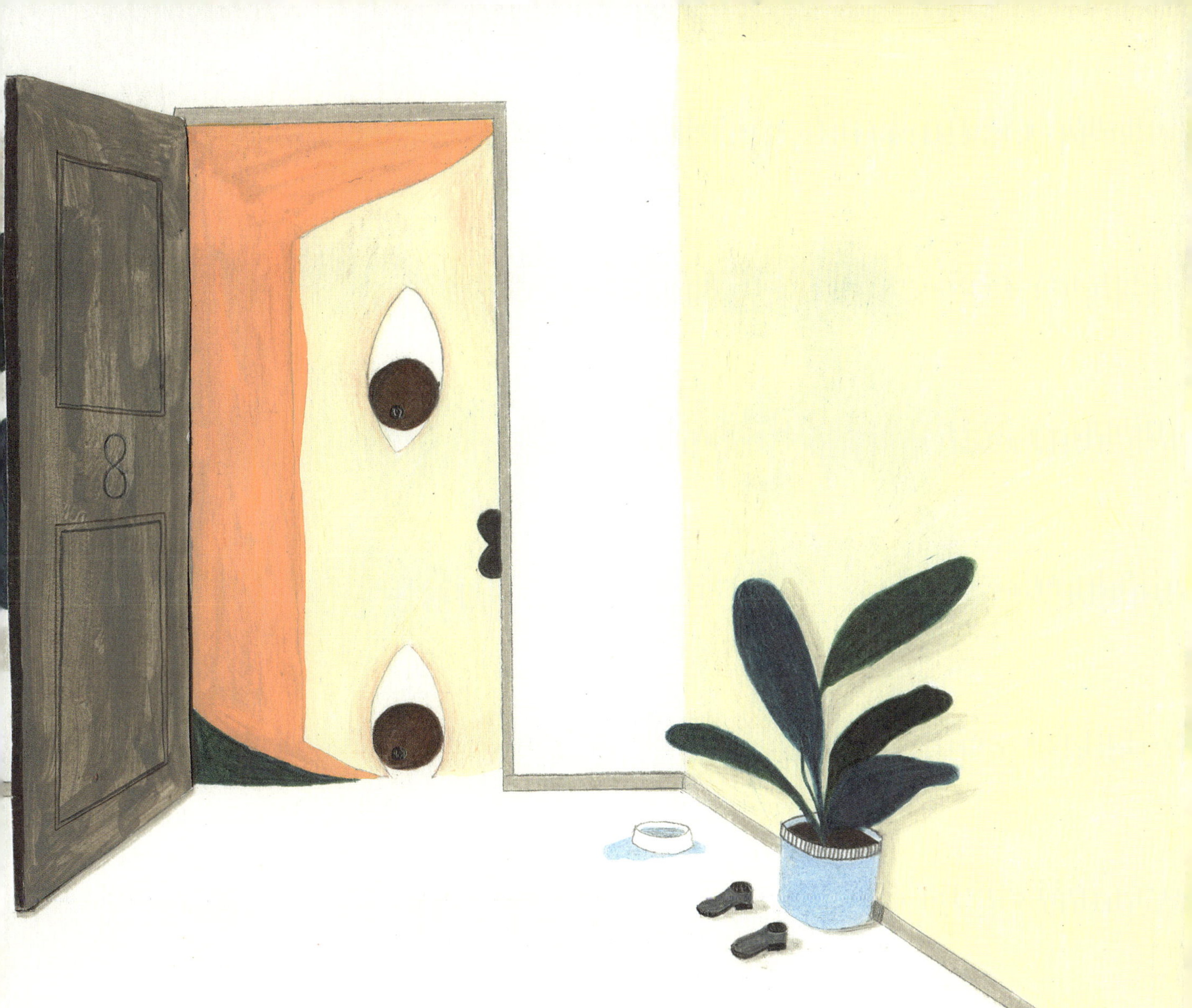

Muchos se preguntan
qué sentido tengo.

Unos se lanzan en paracaídas
para sentir en la barriga
el susto que les demuestra que existo.

Otros tienen tanto miedo
de conocerme que corren
a esconderse en un rincón.

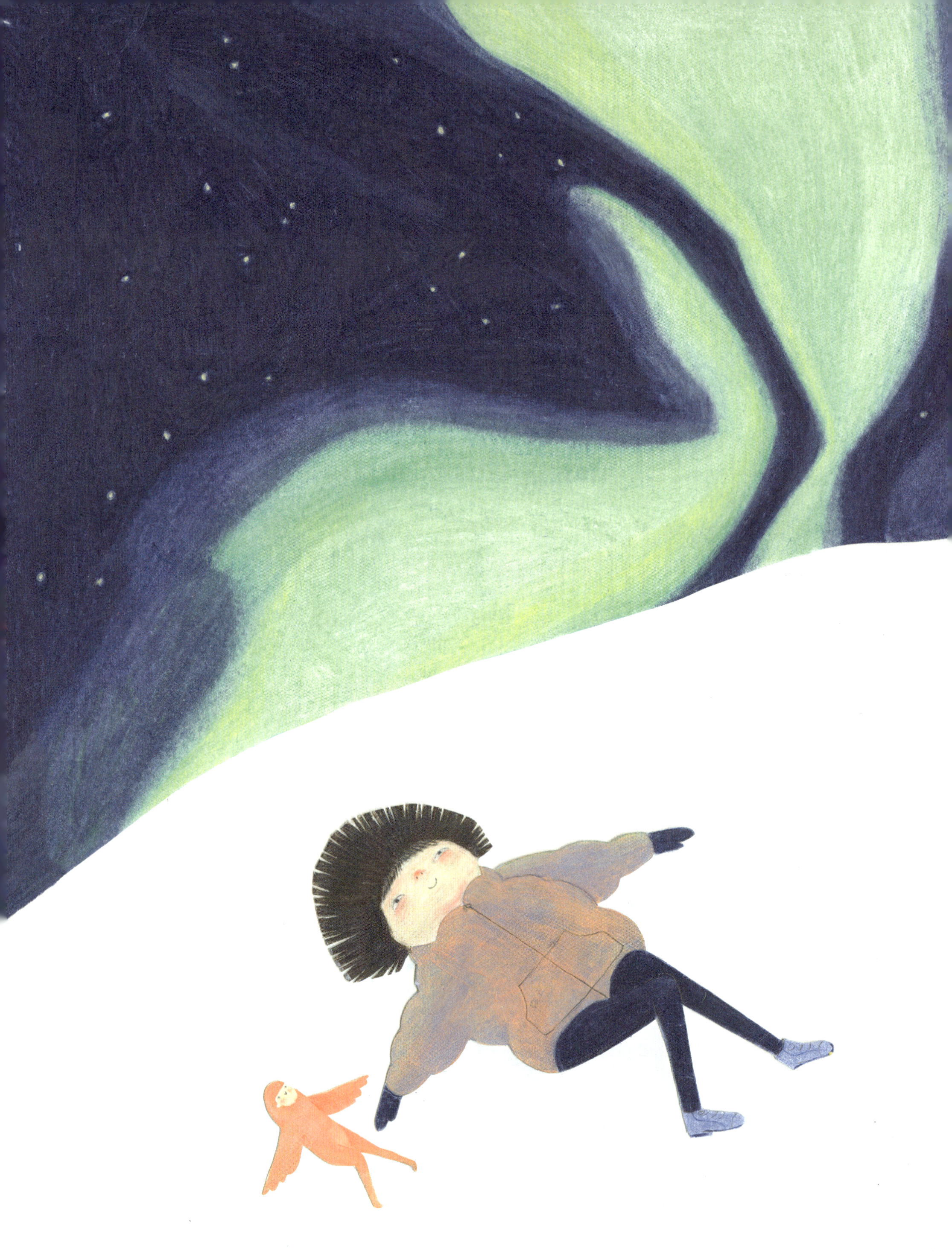

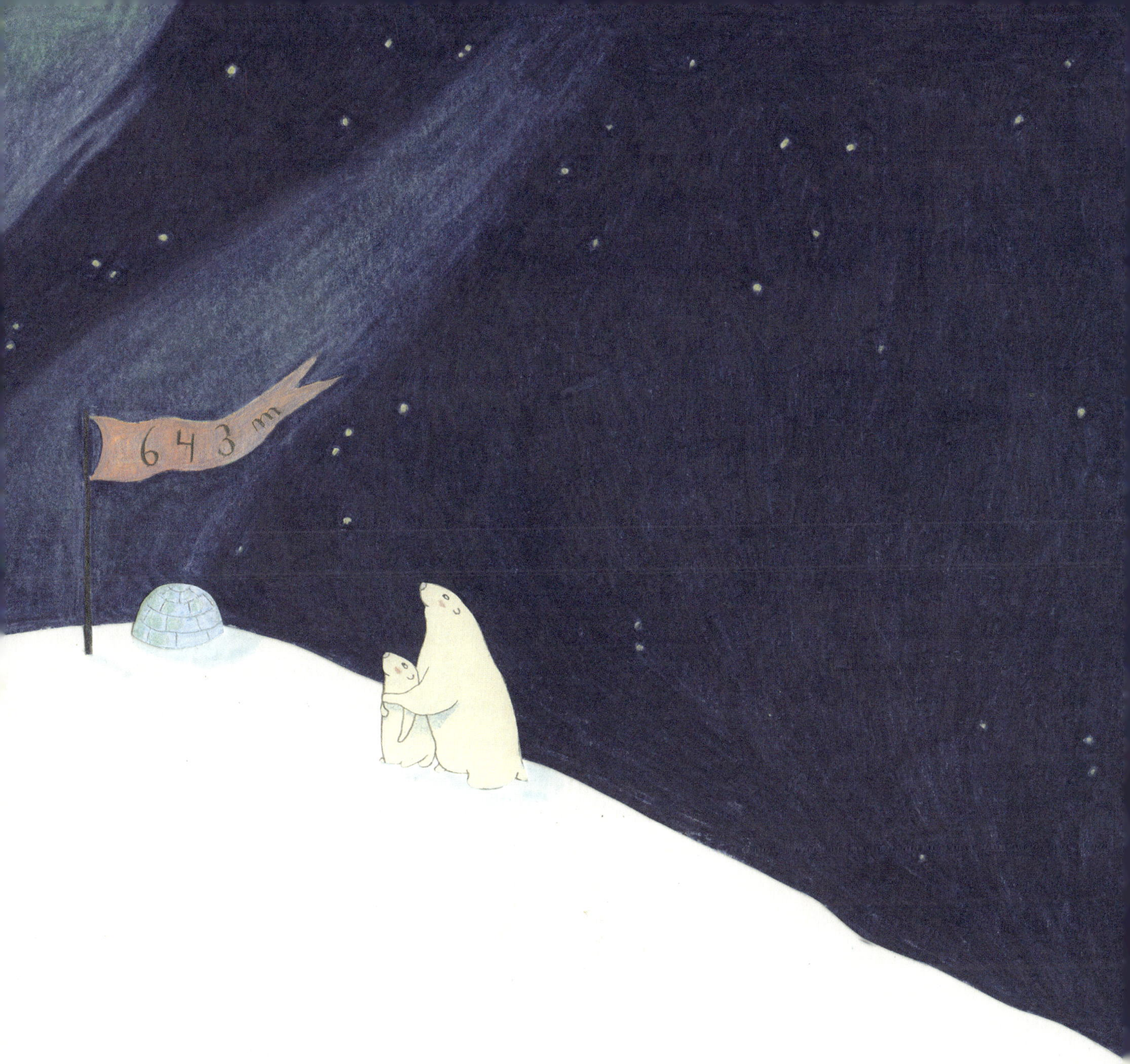

¿Quizá eres de los que le dan
muchas vueltas a lo que fue
y a lo que será?

¡Pues es importante
que recuerdes que
aquí y ahora estoy en ti!

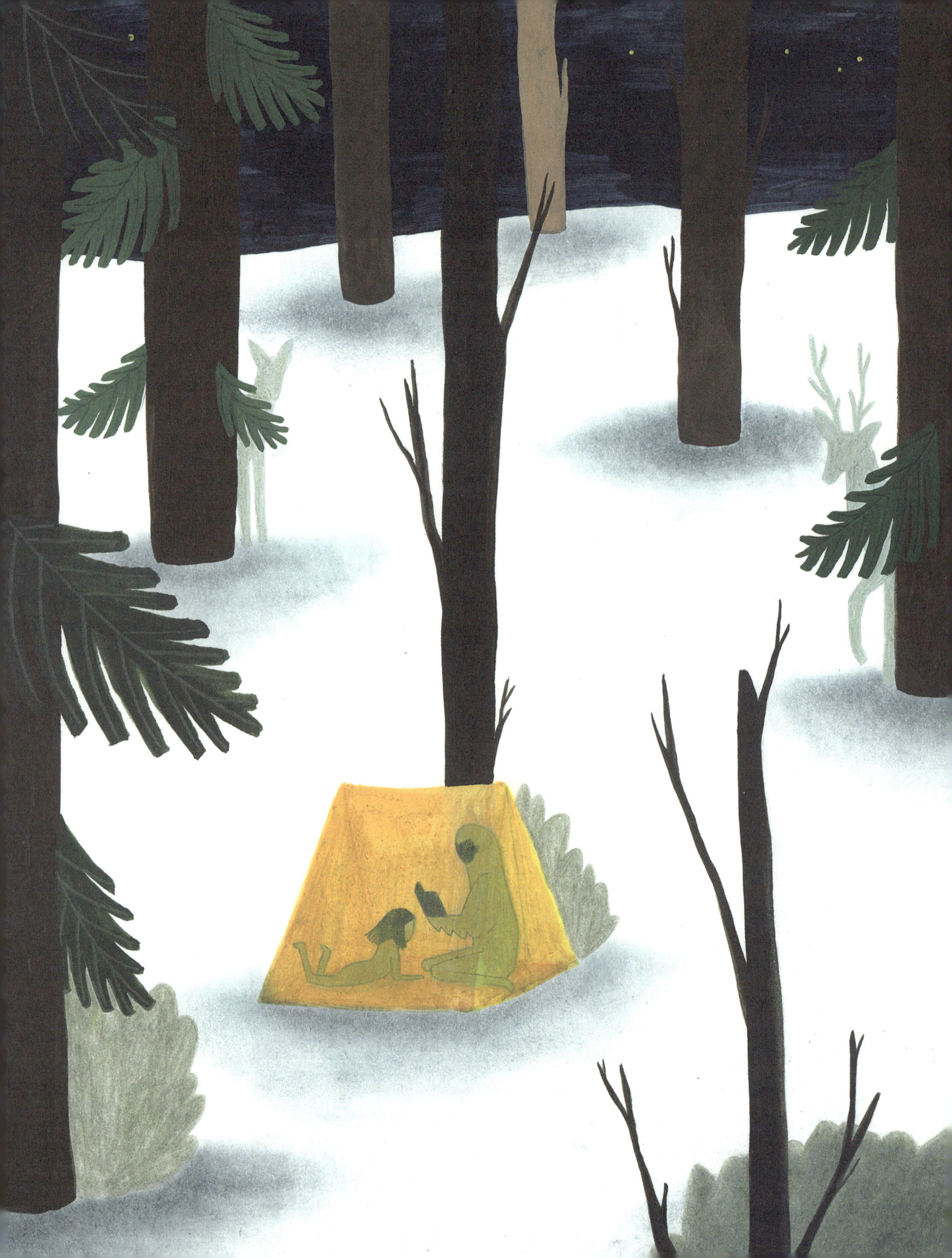

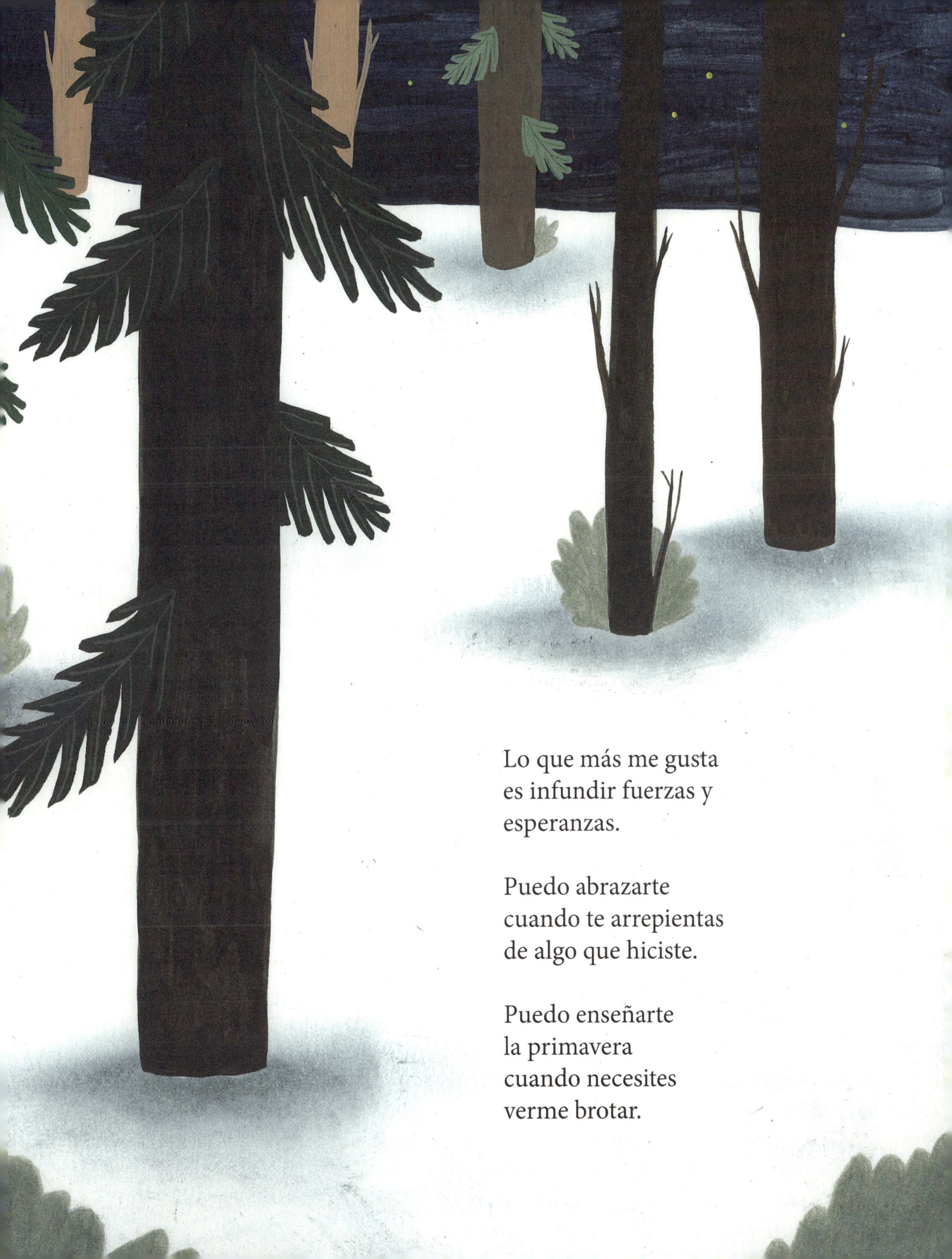

Lo que más me gusta
es infundir fuerzas y
esperanzas.

Puedo abrazarte
cuando te arrepientas
de algo que hiciste.

Puedo enseñarte
la primavera
cuando necesites
verme brotar.

Puedo dar paz a tu corazón
aunque no hayas visto
más que guerra.

Puedo llenarte de amor
aunque todos los que conocías
se hayan tenido que marchar.

Y puedo acompañarte
cuando tengas que buscar
un nuevo hogar.

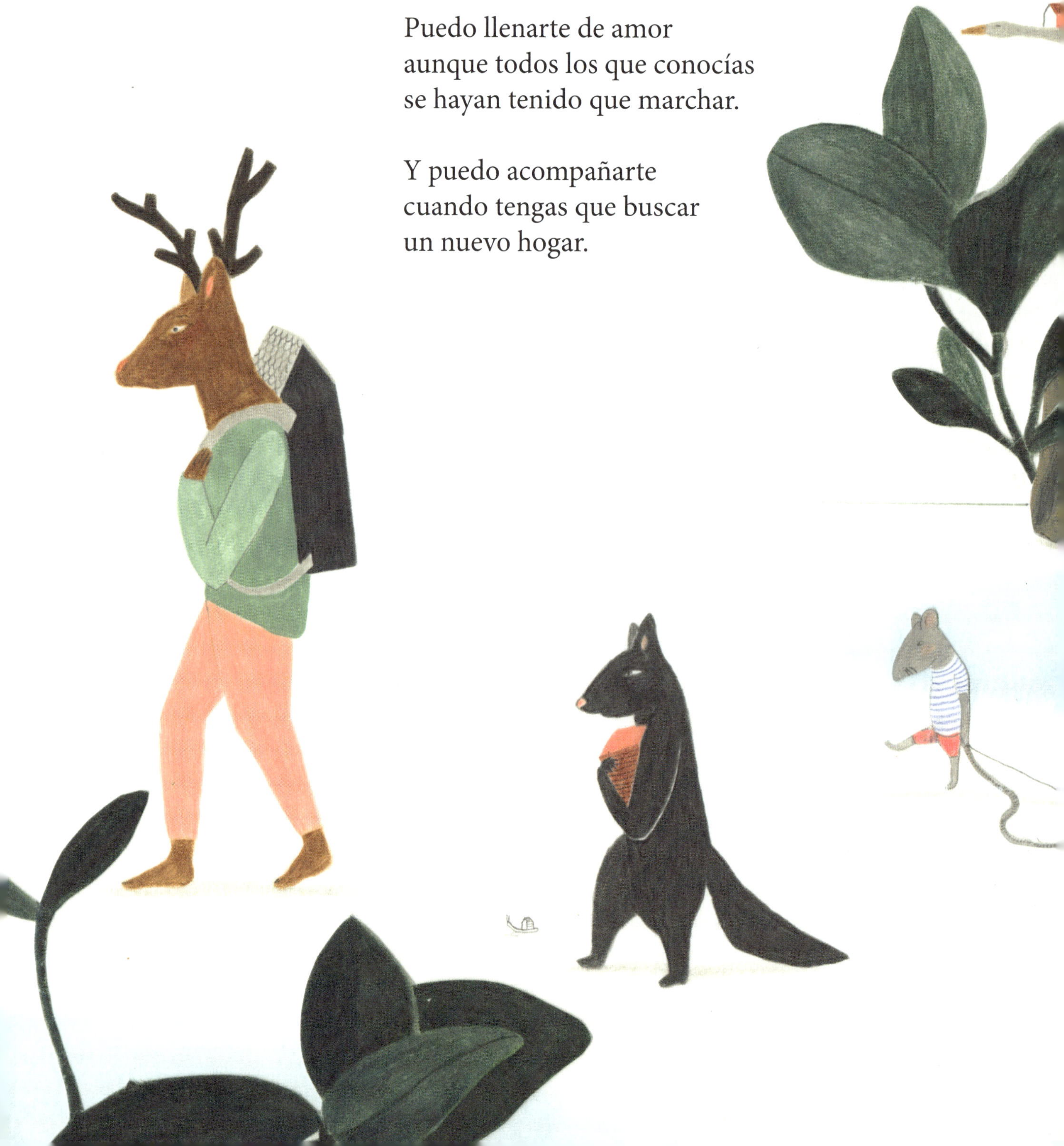

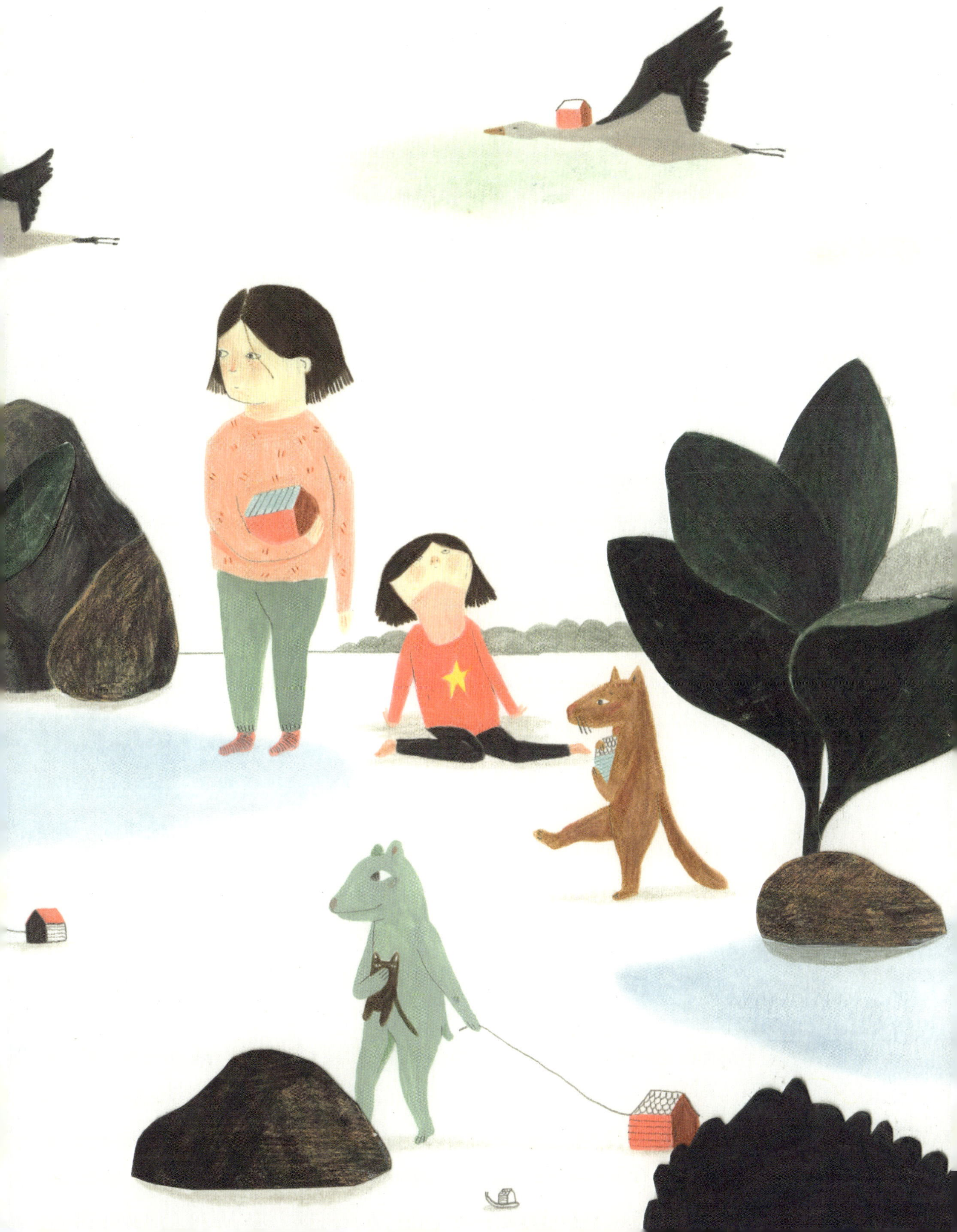

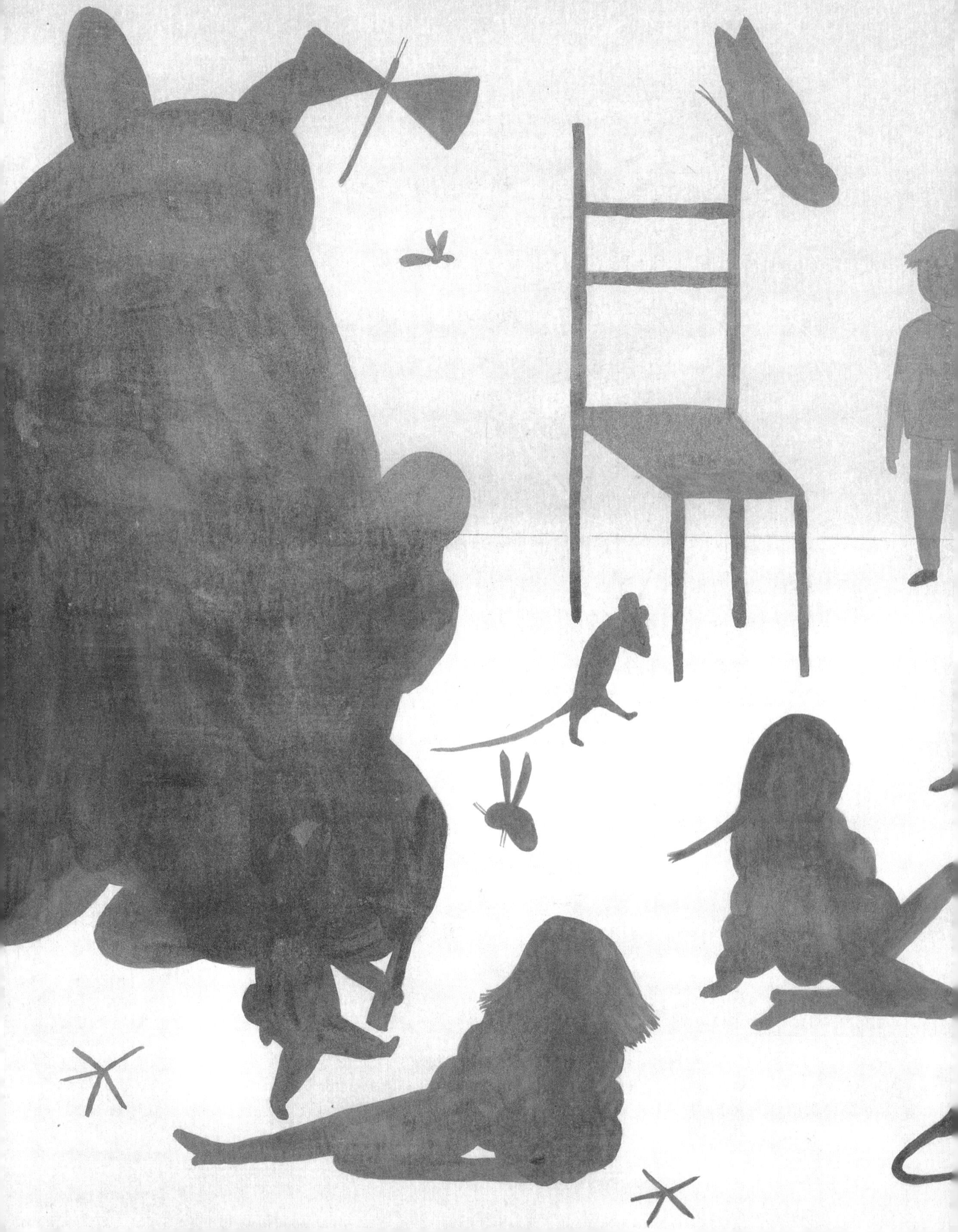

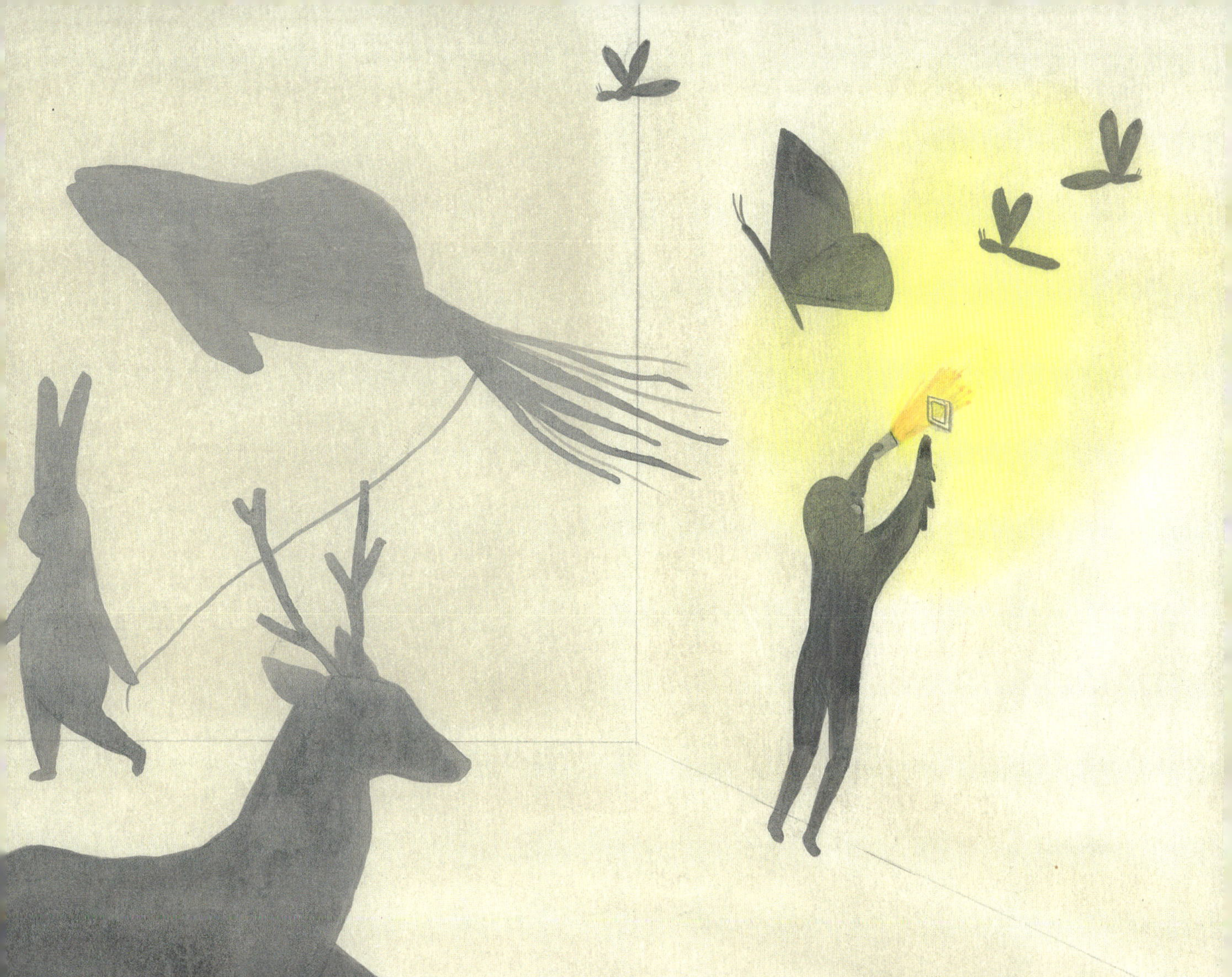

Siempre estoy contigo.

Y cuando más falta te haga,
puedo recordarte
lo valioso que eres.

Porque en el universo entero
solo hay…

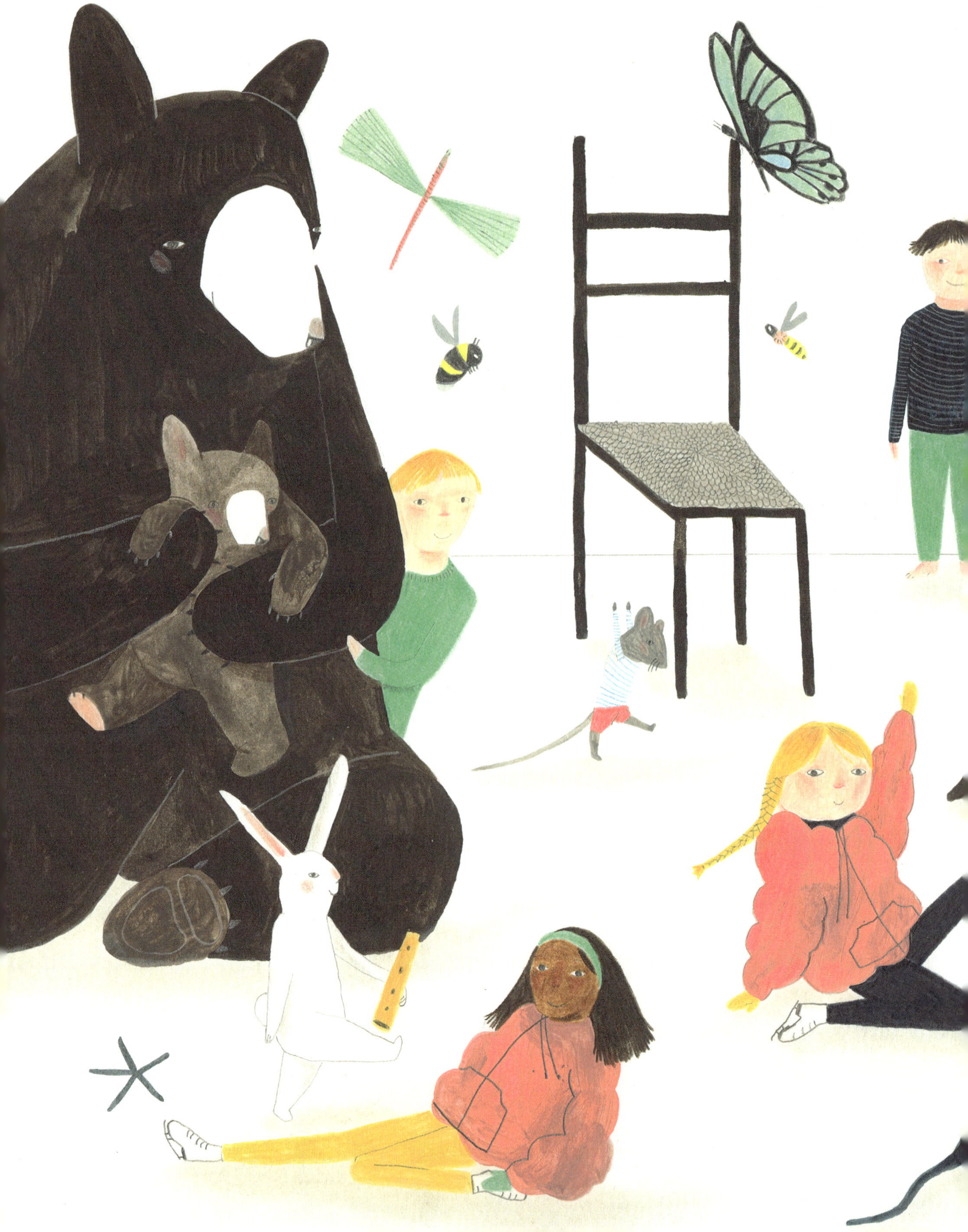

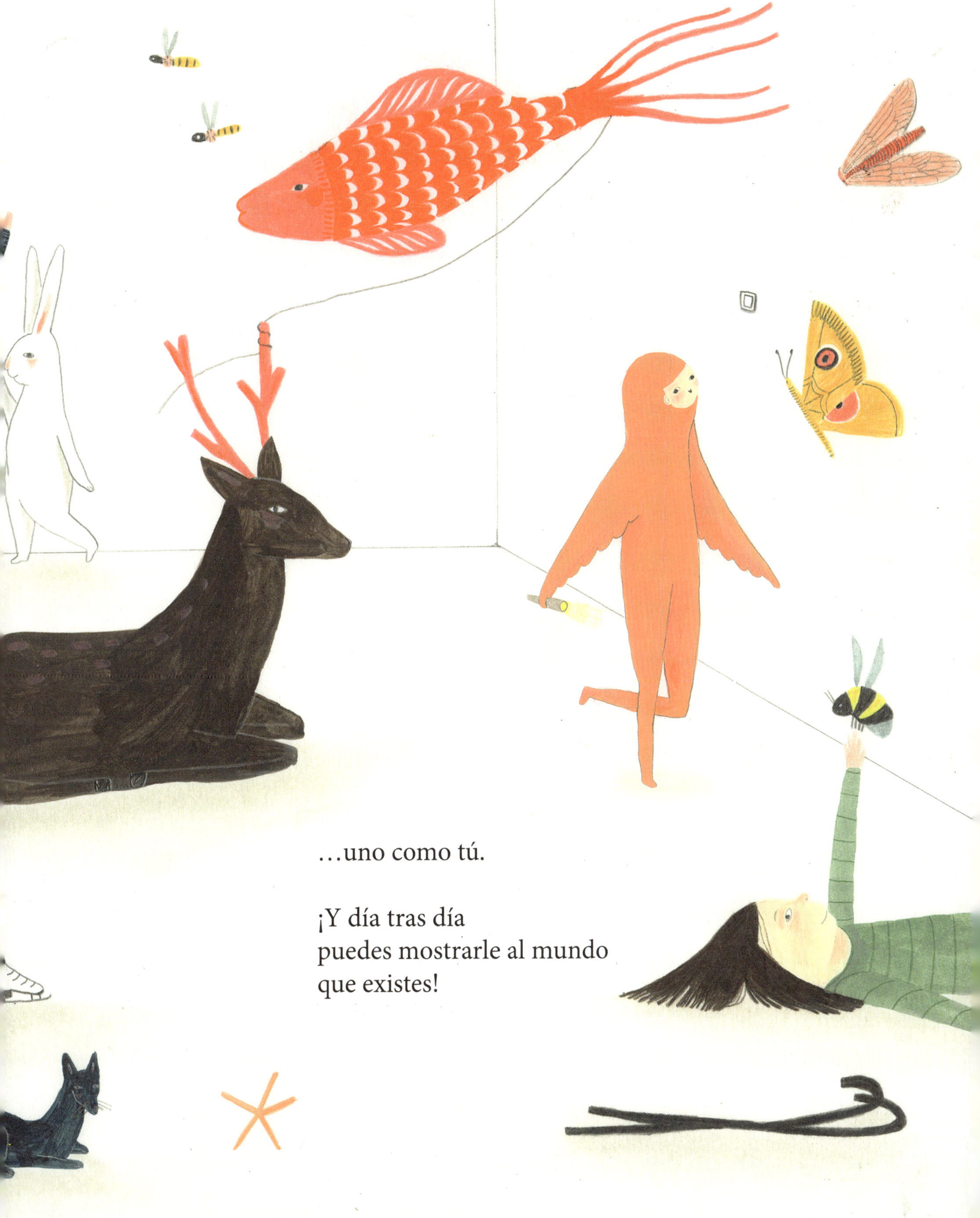

…uno como tú.

¡Y día tras día
puedes mostrarle al mundo
que existes!